舊娛樂轟炸

Cheng Lap

老港片、ACG、好萊塢，
留給動盪世代的超時空人生讀本

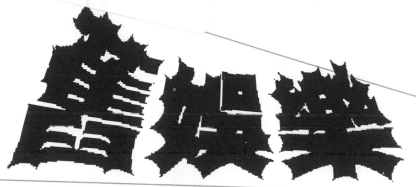

前言

那個尚未到來的美好時代

有人問我為甚麼會那麼喜歡懷舊娛樂？據說，人之所以對於舊事物感到溫暖美好，是因為隨著年紀增長，過去的記憶會不斷重覆過濾。壞的事物會被遺忘，好的事物會保留下來，然後再次美化。所以過往的時代，永遠是一個美好的時代。

這點所有人都一樣，會說現在沒有過去那麼好只是種偏見，其實過去並未大家想像的那麼好。但是如果「過去」指的是二十世紀末的八、九〇年代的話，上述前言真的就未必成立了。因為那真的是一段人類的黃金時代，哪怕當時年幼家境不算優渥，我也全然地能感受到它的美好。

曾經歷過那時期的人，不論國家、不論年紀，很少會覺得那是個不好的年代。那個時代對未來充滿幻想，誕生了各種經典科幻作品，當時我常常會看到一些青少年讀物，講述廿一世紀，人類已經建立火星基地，可能已在太空探索，一般人也有機會展開星際旅遊，什麼疾病都能被治好，科技救贖了一切。我們相信文明、相信科技、相信人類有變得更好的力量，對於現在與未來充滿希望。八十年代的結束，是冷戰時代終結，蘇聯瓦解，兩大陣營和解，自由民主戰勝專制，世界似乎真的要走向那個夢想中眾人期盼的光輝未來了，有如幻夢一樣的結局。如果這是一部電影，停在這裡出字幕就好了。

可惜的是，現實不是電影，況且這個美好的結局，對我這個香港人來說卻是弔詭的，因為接踵而來的是六四事件與九七回歸。自此之後一切都改變了，過去的理想氣氛不再復返，最後我升上中學，八十年代完結，一切又好像都被重設一樣。那種光輝未來逐漸黯淡，人類並沒有隨科技而變得美好，解決所有問題，我們沒有上太空。到了二〇二一年的今天，每天面對的是階級貧富差距、暴政、政客官僚、傳染病，跟我小時候期盼的未來一點也不像，反而比較像娛樂文化作品創作出的黑暗歷史。

後來我當過老師，見到新一代。他們未曾歷經過那段美好歲月，對於世界的看法，已經頗為灰暗。所以我想讓他們知道，這世界並不一定如他們看到的邪惡荒謬，它也曾經充滿希望。那個年代雖然已逝去，但我想，還是有辦法再次重建，也許他們有可能在未來再遇到這樣的時代。如果遇到了，千萬要珍惜，並盡可能延續，即使我們都明白總有一天還是會過去和墮落。能夠重建這樣的年代，是我的衷心期盼和目標，也正是我寫下這些文章的原因。

目次

STAGE II 電子遊戲街

STAGE Ⅲ 漫畫地下工廠 097

STAGE Ⅳ 動畫廢棄實驗所 143

STAGE
I

港產片舊城寨

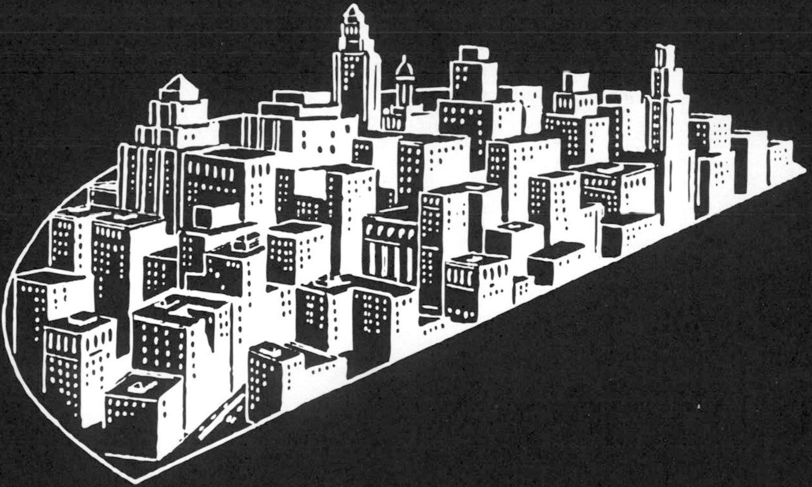

Battle 01

不願承認他人價值的人，終將成為慣老闆

#職場階級 #文武英傑 #性價比 #換位思考

——半斤八兩

《半斤八兩》這部由香港演藝圈知名的許氏兄弟編、導、演的經典作品，講述一位被刻薄對待的勞工，怎樣立功解決問題，最終贏過自己老闆，吐氣揚眉，取而代之的故事。站在打工族的角度來看，實在是很抒壓，這也解釋了這部電影為何在當年大受歡迎。

許冠文在故事中，扮演一名刻薄的偵探社老闆。他是個典型而且卡通化的「慣老闆」，非常的刻薄，對於員工要求很多，可是卻以很低的薪水聘用對方、自己的能力又不及旗下員工。這點應該能讓很多人代入自己現實中的老闆和真實的職場，特別是香港和台灣這樣的社會，此類老闆何其之多？只要你細心看的話，這電影不斷強調一件事，許冠文之所以是慣老闆，並不是因為單純的自私，而是這源自他真心相信的價值觀。

在員工的角度，我們看到員工被他刻薄對待。可是在他獨自的場景裡，你會看到他對自己也是如此刻薄，他就是一個非常節儉的人。片中有一場很令人印象深刻的戲，那就是

他刷牙時，他決定把一枝乾扁的牙膏擠到徹底，哪怕還得要用腳踩才有最後一丁點，也要用到最後，而不願意換一支新的。

而最反映這個價值觀差異的，在於故事裡有一段對話，許冠傑說自己出來捱了二十幾年，覺得世界欠自己不少，終於可以舒服享受一下。但老闆則回應他，說人出世在世上，甚麼都沒帶來，這世界甚麼都沒欠你。

一方的想法無疑很理想主義，覺得人生在世，是有權應該擁有一些東西，如果沒有，就是被虧欠。而另一方對世界的看法，卻灰色得多，覺得人類一生在世，本是一無所有，不論衣食住行，一切得來的東西都是恩賜。觀眾可以察覺，老闆的刻薄背後，是有一套自己的思想，只是角度和主角完全不一樣。

他相信節儉，所以他壓搾和節省所有東西，這是包括他自己在內。自然也包括員工，一個甚麼都省的人，將他的人生態度放在僱員身上，就變成了刻薄的慣老闆了。寒酸，不是因為自私，而是因為節儉，如果你連吃個飯也要計較五元十元，你在付薪水給別人時，又怎可能不這樣想？

所以才有這麼一說，就是大部分人都是潛在的慣老闆，如果他不是，只是他還沒當上老闆而已。每一位在花錢時，把事情斤斤計較到絲毫，想要把事情窮盡極限「C／P值」

的我們，明明價錢沒差多少還是要用盜版的我們，其實信仰的都是相同的東西。**當我們不承認別人的價值，盡可能把東西貶得一文不值，把別人的價值砍到最後的結果，我們其實也是在做慣老闆。**

老闆與消費者的關係，就像民意代表與選民的關係，有甚麼消費者，就會讓市場有甚麼老闆。無良的消費者，就會造就無良的老闆，只是一種投的是選票，另一種投的是鈔票而已。消費者想要省盡最後一分錢，配合的自然是一個省盡最後一分薪水的老闆。

這故事最後的結局，勞工也變成老闆，那舊有的老闆怎樣呢？結果也是反省過自己不承認別人價值的過去，願意互相承認對方的價值。現實中，就難有這樣的大團圓結局，多是淪為變成甚麼人甚麼事情都貶低，刻薄一輩子吧。

要是你不想當一個刻薄的人，終究還是要學習多認同別人，以及肯定別人的工作成果。

Battle 02

該追求的是外在良好評價，還是心中的道德標準？

#家族爭產　#想跟你做朋友，真的　#香蕉你個芭樂　#三個臭皮匠

——最佳損友

《最佳損友》這部電影對大部分人而言，它就是王晶的無厘頭式喜劇。但對我而言，我卻認為這是一套以道德為主題的啟蒙作品。這電影講述一個企業二少爺徐定貴，從美國回到自己的家族企業工作，因為有機會繼承家業，令原先覺得自己是必然繼承人的大少爺徐定富感到地位受威脅，便想方設法要阻止這件事發生。

大少爺想到的方法，就是在公司裡找出三大損友，分別是粗魯的牛頭帆（港譯為：牛精帆）、好色的豬哥超（港譯為：譚室超）、口不擇言的臭皮奇（港譯為：仇厚奇）去親近他的親弟，以帶壞他，讓徐定貴變成一個會打架鬧事、好色、口不擇言、不合主流社會道德評價的人，讓董事會覺得丟臉而失去繼承企業的機會。所以在設定上，主角的兄長徐定富是奸角。想要陷害自己的弟弟，怎可能不是奸角？成功的話，這三大損友都會得到豐厚的報酬。

如何剝奪一個人的繼承權？哥哥徐定富想到的方法，竟然是令對方變成一個不合某種社會期待形象的人。董事會決定誰可以繼承企業，不是根據他經營企業的能力，也不是對未來的規劃，更不是衡量誰能維持企業盈利增長的可能性，而是誰的行為是否合乎社會規範、是否「不道德」。這些所謂的道德，只是一些小鼻子小眼睛的行為。打架、講髒話、好色、口不擇言，就是行為不檢點，就是不道德，而導致失去繼承資格。

先不論大少爺對董事會的理解是否正確，但至少，對於大少爺而言，所謂社會道德就是這些小事。這種真的是不道德嗎？不如說，這種其實不是不道德，而是「不乖」、行為不夠典範。

最終，這些損友真的成功將主角徐定貴「帶壞」了，變成喜歡講髒話、會打架、會去把妹的人，但是他兄長的計謀卻沒有得逞。因為這三個本來應該是間諜、假意親近的損友，與這位「學壞」了的徐定貴萌生了真正的友情，最終沒有陷害他，反而自白自己當初親近是另有所圖，沒資格當他的朋友，但徐定貴挽留了他們，最後一起叛變對抗兄長。

看到這裡，有沒有留意到一件事？這些損友的惡名，源自於他們不合社會規範，但是他們的行為，卻是基於義氣、講情理、超越了陣營與立場、重視人與人的感情。他們會打架、會說髒話、會泡妞、會行為不斂，卻不會背叛自己的朋友，這些東西，其實也是「道德」。但那卻是另一種道德，一種不出於社會的認同，但出於自我良知的道德。換句話說，損友其實也不那麼損友，行為不檢但有義氣的真心朋友，真的是損友嗎？當人與人的關係，超越了利益、意識形態與陣營，就讓事情出現逆轉的關鍵。

其實故事是兩種價值觀的對抗、兩種不同道德的對抗。徐定富作為反派，重視的是**「表面的、社會性的道德」；而徐定貴作為主角，最後救贖他的是「內在的、自我的道德」。前者會取得社會的認同，塑造一個好的形象；後者卻會取得別人真正的投入與付出，願意跟你同甘苦、共患難。**

到底哪個才是我們應該追求的道德呢？沒多少人看喜劇片會思考這種問題吧？可是這樣想不也很有趣嗎？

Battle 03

某些所謂的反派，比你認為的還講江湖道義

#卡樂B #大俠愛吃漢堡包 #英雄惜英雄 #萬佛朝宗

——摩登如來神掌

《摩登如來神掌》是一部九〇年代初期的動作喜劇，故事講述兩位香港走私者，因緣際會之下將一位數百年前沉睡的古代公主復活，卻不慎也同時復活了沉睡的武林魔王——天殘，為了從魔王手上保護公主而對抗的故事。

當時有些影評都覺得這故事算該有的都齊了，有笑料有武打，可是笑笑就算了，不算很能感動人，結局的部分有點虎頭蛇尾。我雖然喜歡這電影，卻也多少認同這樣的評論。

但為何會萌生出那種「虎頭蛇尾」之感？我看了幾次之後，終於找出了原因。那是因為，故事最後部分安排如來神掌對天殘腳一戰，並不能令人產生緊張感，觀眾無法代入主角一方進行正邪對決，並沒有那種很想要擊敗天殘的感覺。反而有種看運動比賽一樣，誰贏都無所謂的心情。自然地，這樣的最後決戰就變得沒甚麼緊張感，讓人覺得可有可無。

而原因我會歸咎於天殘這角色並不是一個徹底的奸角、不是壞人，他沒法讓人恨他和想擊敗他。他更像是一個丑角，為觀眾帶來歡樂，甚至是一個能令觀眾同情、認同的好人。其實，他是個很討人歡喜和成功的角色，就只是不適合帶入那個正邪對決的套路裡而已。

不知道導演是故意的，還是陰差陽錯，很成功塑造出了一個所謂的「高貴的野蠻人」（Noble Savage）角色。一個完全不能適應現代社會的破壞者，卻因為其未受文明污染，而保留了人類最原始的美德。

他是野蠻任性，但他的野蠻任性是源自直接。沒錢就去搶錢，沒權就去打倒皇帝。這種想法聽起來是個無法無天的大犯罪者，可是實際上，不是也很像一個兒童嗎？他喜歡看電視，目不轉睛的盯著，充滿好奇的嘗試和模仿，其實很巧妙的反映了他就是個孩子，從這角度就能理解為何他霸道而不可憎。

而他不僅是個孩子，另外一方面的行為，卻處處表現出各種現代社會罕見的教養與美德。故事中間有一段，描述他遇上假扮龍劍飛的老伯，天殘雖然提出挑戰，卻完全能尊重對方的江湖地位，甚至願意幫對方解決一些問題。作為反派，天殘何其友善？特別是這種器量，在現代社會是罕見的，遇到有本事的人，多的是妒忌、否定、挑小毛病嘲笑。能像天殘那樣識英雄重英雄，反而少見。

直到片尾輸了最終決戰，主角送天殘零食時，他真誠地感激主角。你會發覺，**這樣角**

色的暴力與以暴易暴的另一面，正是以善易善，對於別人的善意和恩情，會謹記而且想要回報。相比之下，你又見過多少視之為奉旨，恩將仇報，施恩反怨，幫人反而被攻擊的故事？看看新聞，因為幫助別人反而惹上官司這種事情時有所聞時，你怎可能不覺得像天殘這種品格的可貴，你又怎樣可能討厭這樣的人？

天殘這角色就是太讓人想要認同了，結果也毀了這故事的最後決戰，變成兩個不怎麼樣的主角，對抗其實令人萌生好感的反派。諷刺的是，這也正是因為天殘這角色相當成功使然的吧。

如果這故事的結局，並不是正邪對決的俗套，後續潛力可是無可限量的吧？可惜的是，這電影一來年代久遠，也沒受歡迎到值得復刻和推出續集，這件事看來是難以實現了。

Battle 04

不惜傷亡也要擊敗對手，否則一切都將付諸流水

——賭神

#巧克力 #出老千 #公海管轄權 #聚賭罰三千

在《賭神》這部電影中，賭神高進最後在賭船上決戰賭魔陳金城。因為在香港聚賭是犯法的，但若將賭船開到公海，香港的法律就管不到，可豁免法律責任。倒是賭魔盤算的，不僅是想逃避聚賭的法律責任，更打算利用這點去殺人害命。

怎料在賭神的計謀下，賭船最終沒有駛出公海，留在了香港海域，賭魔就犯下了謀殺罪。在高進揭穿對方中計的時候，陳金城的反應是：「你這樣也是犯法！」這是事實，因為在香港海域，賭神同樣犯法。

但高進對此的回答卻是，我是犯法沒錯，但我犯下的「聚賭」最多罰三千，而你陳金城殺人則可能要坐三十年。雖然「攬炒」雙方都有損失，陳金城的損失卻比賭神大很多。賭神完全可以接受自己的損失，只要對方的傷亡比自己慘烈，他就認為是成功的。

這一段劇情其實非常地巧妙，因為反映出賭神之所以是賭神，並不僅僅在於賭術、懂

得出老千和換牌，而是他非同常人的心理狀態。

一般的「善良百姓」對於人生的期望和觀念，總是小心翼翼的謀求不受傷害、沒有損失。與別人做事，總是追求互惠、利人利己，就算居心叵測，大不了就是損人利己。如果會對自己造成損失，往往就選擇拖延甚至直接放棄。這是一個正常的社會中待人接物的標準態度，在太平盛世裡可說是文明之本。

但賭神是個「博奕者」，賭博雖然不是格鬥，也不是狹義的戰爭，但本質上還是博奕。**博奕的目的就是要擊倒敵人，而且勝負之間沒有灰色地帶，不能贏便是輸。只有損害敵人才能擊倒敵人，不論是損人利己、損人不利己、還是損人害己，重點都在於「損人」。若不擊倒敵人，一切的付出都是白費的。**

能理解損人害己，才能夠成為真正的賭徒；有不惜準備玉石俱焚的人，才有資格上賭檯與人博奕。害怕付出代價的人，就算有著和高進一樣的賭術和名譽，也不會成為賭神。高進擁有的不僅是有如魔法一般的超然賭技、高超的智力，或者有龍五的武力保護，最重要的是擁有鬥爭到底的意志。

只有不再將損失看成是不可接受的結果，才能開啟勝利的可能性，之後就是追求以最少的代價，換取最大的成果。因為高進不介意自己犯法，才能夠做到以三千元港幣的聚賭罰款換得賭魔坐牢二十年的收益。

當然，高進的代價並不止那三千元罰款，他因為決定對抗陳金城而失去了自己的妻子Janet。可是，正是因為已失去了那麼多東西，注碼已下，輸了就全盤皆輸，再加注「非法聚賭」的代價又算是甚麼？只要意識到一件事就好：**贏不了的話，之前的一切代價都是白費的。**

若賭神會因為不想犯法而猶疑，那他就只會是一個慨嘆失去妻子，復仇失敗，任由賭魔逍遙法外的可悲輸家了。所以，你覺得他真的有選擇嗎？

1 香港用語，意同「玉石俱焚」、「要死一起死」。

Battle 05

願意鼓起勇氣迎戰強敵，也是種必要的道德

#匹夫之勇　#特異功能　#波斯灣戰爭　#返鄉抗敵

——賭俠

《賭神》系列電影中，有位很難在演員清單找到名字的角色，就是那個「阿三」（港譯為：阿差）。那位深色皮膚、住在香港、懂說廣東話土生土長的南亞人。在前作《賭神》中，他遛狗的時候遇上賭神高進，高進跟他說印度話，不知為何一言不合就起了衝突，高進開口說出了「[1]朋友，你回印度吃香蕉吧！」這句今天肯定會被評為種族歧視的爭議台詞，這幕也導致高進失足失憶。也因為這樣，高進認識了陳小刀（港譯為：陳刀仔），才進入《賭神》這故事的主線裡。這是王晶的電影中很常出現的情節，一個小角色對劇情造就很大的影響。

而承接《賭神》續集的《賭俠》中，「阿三」再次登場了，在這次的故事裡他的影響比之前更深刻。續集中，他因為不明原因，似乎比之前貧困了，租住了陳小刀之前的家，前面乍看並不是重要的角色。

可是在故事中期，賭聖阿星和賭俠小刀中了反派海珊（港譯為：侯賽因）的計，被打到潰不成軍士氣低落，龍五也被囚。小刀就像現實中的香港人一樣，遇到困境時，就陷入了失敗主義。他覺得海珊不論人力、資源、技術、裝備都勝過自己，連阿星的特異功能都喪失，就像香港人認為自己打不贏坦克大砲一樣，檯面上他根本不可能打贏海珊。

更慘的是，海珊當時已冒用了賭俠頭銜，仗著賭神高徒長期累積的聲譽，去欺騙世人。明明陳小刀才是賭俠，外面卻認為海珊就是賭俠。他眼睜睜看著那些奸人招搖撞騙，把香港的名字，不，賭俠的名字弄臭謀取暴利。即使阿星怎樣勸，都無法令他恢復鬥志，反而把灰心傳染給阿星，覺得已經無力回天，一起退縮。

這個時候，這名南亞人再次登場了，他用中文說出自己貧窮的原因，原來他是一個科威特人。當年《賭俠》上映時，正值波斯灣戰爭，科威特是一個人口比香港少的獨立國家。當年被瞬間攻陷後，不論男女老幼，大量平民組成各種反抗組織，對抗伊拉克的侵略，造成伊拉克軍的大量傷亡，相信他就是其中一位抗爭者。

因為國家沒了，所以錢也沒了，還要面對一個比起他們要強上數倍的強敵。對著有槍、有砲、有坦克、有戰機的伊拉克軍，他卻還是鼓起勇氣回去跟真正的海珊拚命。他雖然一向和這些香港人相處不好，臨離開前卻為他們留下了最好的禮物：嘲笑賭聖與賭俠根本不是男人。面對壓倒性的強敵，科威特人都不怕流血拚命，你們還不用死，卻老是思前顧後算甚麼？這算是甚麼賭神徒弟、甚麼賭聖，若沒有戰意，都只是個因為孬種又沒用的懦夫。

是的，他再一次扮演了整個故事的轉捩點。就是被這樣罵了一頓，主角們才清醒了。用自己手上僅有的資源進行反擊。因為想出新的計策，絕地大反攻而奪回了一切，也得到了新的友情。故事也因此而圓滿落幕，全都是靠阿三的這一罵。他給的幫助並不是錢、並不是武器，並不是任何其他東西，而是勇氣。而能給兩個香港人勇氣的，卻是這個中文講得不算標準卻土生土長、跟本地人互相歧視的南亞人，不是很有趣的安排嗎？

「夫戰，勇氣也。」狹路相逢勇氣勝，鬥爭就是憑一股勇氣。可是我們的德育卻總是忽略，這種對抗敵人的勇氣，其實也是一種道德。

雖然他只出場了兩三幕，可是早已成了網絡上四處流傳的迷因場面了。而這位飾演「阿三」在《賭神》系列片中為劇情穿針引線的演員名叫——Mansook Ahmed，當初自己查了很久才找到，現在在維基百科上已經可以見到他的大名了。

---

1 港版原對白為：「朋友，你返去印度食蕉吧！」

Battle 06

當結局注定走向失敗，多少人能夠勇敢挑戰未知道路？

#上海灘 #今晚打老虎 #扭轉劣勢 #留下當大爺

——上海灘賭聖

在少了賭俠陳小刀的《賭俠II之上海灘賭聖》中，大軍成了推動故事的關鍵人物。因為他要向賭聖阿星報仇，才導致了時空轉移，讓彼此回到了一九三七年的上海。兩人在這個穿梭時空的故事中，又各自加入了兩邊不同的敵對陣營，阿星加入了親中華民國的丁力，而大軍則加入了皇軍陣營的川島芳子。

阿星遇到了大軍，第一個反應是：大家應該合力想方設法回到九七年香港的方法。大軍的回應是，我回去後也是沒希望的窮人，我回去幹甚麼？我在這裡被川島芳子賞識，有希望、有榮華富貴，明白說出了自己不想回去的理由。

回頭看這段時，我想到的是，大軍在遇上川島芳子前後，到底發生了甚麼事？

作為一個中國人，還是國家培養出來的特異功能部隊，大軍不可能不認識川島芳子；不可能不知道自己在做的就是課本所說的「漢奸」；不可能不知道將會發生慘烈的第二次世界大戰，不久之後將會有南京大屠殺；不可能不知道他正在加入戰敗的一方。今天隨便抓一個中國人來問，讓你突然穿越到一九三七年，若有機會加入川島芳子，你會加入嗎？我想大部分的答案都應該是「否」，但大軍卻加入了。

可能導演、編劇也沒想這麼多，可是大軍堅決的答案，表現得像深思熟慮，義無反顧做了這選擇。他面對阿星的提議，沒有半點的猶豫與動搖，立即說出自己留下的理由：比起沒有希望、必然成為失敗者的未來盛世，他寧可活在這個亂世。他反而認同一九三七年，這個第二次世界大戰前夕的亂世上海。而加入敗方的他明顯無法獲得保障得到最後勝利，他的前途也不可能是一片光明，而只是個謎。

可是，若另一個選擇是必敗的話，如此高風險的冒險還是有一試的價值。

阿星和大軍與其說是正邪之戰，不如說是贏家與輸家之爭。阿星眷戀九七年的香港，因為他回去是名利兼收的賭神愛徒，特異功能也強過大軍，可是大軍呢？只是個在特異功能大戰與人生都立於弱勢的輸家。面對自己輸的事實，他選擇了過另一個人生。**與其回到失敗的老路去，何不試試另一個可能性？這正是我們很多人都做不到的，很多時候我們明知已走上了錯誤的路，也要繼續走下去而不願改變，只因為我們沒有勇氣面對走上未知的另一條路。**

而且觀眾都知道，到了尾聲真正影響勝負的關鍵人物，正是大軍。他因為川島芳子賞識而加入，卻沒有為其奴馬，當發覺自己不被重用時就倒戈。大軍在這個故事中，一直都忠於自己，掌握命運、逆轉乾坤。最後更是成為了宿敵賭聖的救命恩人，發功送他回去，而堅持自己留在這亂世。說他才是「賭俠」的第二主角，應該也不過分了。

其實也真的想知道留在一九三七年的大軍日後發展。當年的電影不流行片尾彩蛋或後日談，所以故事也到此為止。我想，他之後應該是會和丁力合作吧。他知道日後的歷史會怎麼演變，就等於知道未來、知道如何趨吉避凶、知道該投資甚麼，加上他的意志和勇氣，也許他最終會在五、六〇年代的香港成為富豪，甚至活到九七年。

這個將自己從必敗局面中拯救出來的大軍，難道不值得學習嗎？

Battle 07

捨棄自我的成見，就能在危機中蛻變重生

#在職進修 #臥底辦案 #有教無類 #柳暗花明又一村

——逃學威龍

《逃學威龍》講述飛虎隊的猛將警員周星星，因為得追查校園失槍案，不得不假扮成中學生，臥底潛入學校找回那支失槍。有趣的是，周星星說他是因為極度不喜歡讀書才加入警隊，他非常不想重返校園。

在這部電影裡，周星星一開始很排斥當學生，覺得完全沒必要，是件苦差事。被迫接受學校生活，雖然對觀眾來說很好笑，但對於周星星本人來說，本來是個受下屬尊重，威風八面的警官，卻退化成一個不受社會尊重、不受老師尊重，甚至不受同學尊重的學生，實在是很屈辱的生活。

轉移他視線的是對張敏所飾演的班導的愛情。也因為對於班導的情愫，而漸漸的適應、認同校園生活，從中也學了點甚麼。最後案情有所進展，進入警匪大戰的場面。他被問及如何能夠破案，而當他的上司說是歸功於過去警員訓練有方的功勞時，他卻修正成是學校教的。

若從這角度理解故事的話，其實這是一部成長電影，一個成年人因緣際會，補足了人生的缺口。雖然表面上是個喜劇，但骨子裡還是很認真的演活了一個從不接受學校，最後認同校園教育的心路歷程。

還記得小時候，我們大多都被長輩叫要讀書。大多是說你不讀書的話長大就會當乞丐，或者做粗工，做著社會觀感不佳的低收入工作，做著不被人尊重的工作。我們都是被這樣恐嚇著，為了未來的尊嚴而讀書的。但出了社會，你才發覺事情不是那麼簡單，反而現實就像周星星所說，他因為不想讀書、不喜歡讀書，結果國三畢業就去了考警隊了。不僅高薪福利好，而且在社會上受到尊重，甚至還有良好的退休福利。

想像一下，一個不讀書的人歷經這些過程，最後反而得到了美好結局，不就更證明讀書是場騙局，而認真讀書的人只是一個受騙的傻瓜，甚至會鄙視他們，覺得現在的自己很了不起。就像是周星星一樣，他一開始時，根本就認為讀書是完全不必要的事情，我想現實中也許真的有警員，有著這樣的想法吧？特別是同儕的出身都很相似時，想法也很難改變，就算改變了也很容易再被主流價值導引回去。

周星星之所以能改變，是因為他被孤立地丟進一個新的環境，在裡面沒有人知道他是飛虎隊，再沒有同事去敬重他，剝去了制服和一切之後，他就只是一個不怎麼樣的學生而已。**但也是這樣，他才能夠倒掉自己杯子裡的水，重新再來一次，然後才看到了之前看不到、不認同的價值。**

他認同學校的價值，這點是我最喜歡的，畫龍點睛的把整個心路收了尾。不過因為這段沒特別好笑，所以應該很少人會去思考這轉變的過程吧？可是即使一開始是被迫，中間是有了私欲，但終究周星星的眼界還是開拓了，這才是真正的成長。

所以周星星是個幸運的人，他有機會活過不同的人生，在續集中也看到他又變得更立體了。人類的視野，如果不經歷多種不同的環境，就會變得狹窄，警員如此，其他人也難逃此理。

Battle 08

富人遊刃有餘，窮人卻細膩敏感

——與龍共舞

#灰姑娘　#大嶼山開發案　#義大利設計款　#最重要的女人

《與龍共舞》這個故事中最令人深刻的角色，自然是葉德嫻所飾演的女主角的母親——十一姑，不僅存在感很強，也是故事裡大量笑料的來源。全因為她鮮活地演好了一個窮人的角色。

在戲劇裡表現出貧窮，並不是那麼容易的事情。自古以來，有很多不同的方式，最傳統的方式，自然就是表達其悲慘，就像「粵語殘片」[1]裡，要傳達出一個人窮，多數是從物質方面表現的。例如衣衫濫褸、食不果腹，要靠賣血等維持生計，再配上悲傷的音樂，就是想讓你同情與可憐他們。

又或者像社會主義的公式劇，或者宮崎駿的作品一樣，對無產階級生活總是美化，總是展現出純樸，富有人情味的生活方式，而且窮人也多數善良，老實又勤奮，生活雖然貧窮但也很充實。這些是想讓你對基層草根生活有憧憬，吸引那些中產子女加入社會主義者的大家庭。

但《與龍共舞》中的十一姑，並不屬於上述兩者。她是個貪小便宜的歐巴桑，為了賺點小錢，總是想出一些旁門左道小伎倆甚至詐騙的手法，例如：打牌出千、假冒氣功師招搖撞騙，想要從有錢人身上討些好處。在將劉德華飾演的龍家俊誤認為是偷渡客黑工想僱用他時，也會表現出一副慣老闆般高傲優越、刻薄剝削的態度。甚至到後面被龍蝦夾住，也要死充說是名牌設計。你會留意到她有著那種對面子的堅持。

而女主角張敏所飾演的十一姑女兒——陳月光，看起來就沒那麼顯性。但是在故事末段，卻加了一個神來之筆。那就是結尾之前，男女主角的感情也彼此確認，當龍家俊說想邀請「對他最重要的女人」跳舞時，月光原以為是請自己，怎料龍家俊請的是他的媽媽，而立即就發脾氣走人。原來月光骨子裡還是像媽媽一樣對面子有種堅持。而龍家俊則莫名其妙，完全察覺不到這有甚麼問題。

而大家有沒有發現，遊刃有餘的人如龍家俊，胸襟也較易廣闊一些，最重要的女人是母親有何不對嗎？為何要生氣呢？**但其實是龍家俊不理解為何像月光這樣的貧困家庭，為何會那麼敏感。因為他是一個在安全感中成長的人，不容易理解那種基層與生俱來的不安全感。**

從龍家俊的角度看，月光的生氣莫名其妙，而且也破壞了現場的氣氛，有點不著邊際，不可理喻。可是從月光的角度看，她猜錯了龍家俊的反應，龍家俊也沒給她預期的反應，就代表雙方互相不夠理解，然後再聯想出一堆缺乏安全感的發展，這樣的反應就很合理了。

在一個諧趣的愛情喜劇中，對於兩者心態的差異，卻表現出令人驚奇的細膩，其實我想導演編劇也未必很刻意，就單純因為社會經驗，而自然寫出了這樣的劇情。既是因為男女之別，也是因為貧富之別。這段不是很有意思嗎？

每次電視轉到《與龍共舞》我都會停下來看。過去的港產片之所以好看，正是因為那種草根味道，與劇本滲透出來的那種基層的體驗，《與龍共舞》就是很好的例子。

到了今天，港產片多了很多藝術性，也多了很多大片，相對而言，《與龍共舞》這種草根童話故事，反而不容易找到了。真希望這樣的電影能復興，當然，現在的草根，又和之前的不太一樣了。

1 也稱粵語長片，指香港一九四〇至七〇年代初製作的粵語長篇電影。主題多著墨於描寫人生百態、民間尋常百姓刻苦仍奮發踏實的生活。劇情公式多為正直主角遭人構陷，再獲得親友支持後重新站起，贏得眾人敬重，彰顯良善價值終能獲得善果。

Battle 09

最高境界的說服是將目標植入對方計畫裡

#口號治國 #同理心 #宗教洗腦 #掛羊頭賣狗肉

——鹿鼎記&鹿鼎記之神龍教主

有看過周星馳版《鹿鼎記》的話，相信多少會記得那個名場面：陳近南把韋小寶抓到一旁，對他說，讀過書和明事理的人，大多在朝廷裡做事，天地會要造反，就只能用比較蠢的人。而要用這些人，就要用宗教的方式催眠他們，讓他們認為自己做的事情都是對的，所以「反清復明」只是個口號，和「阿彌陀佛」是一樣的。記得在那段話裡，陳近南向韋小寶表示，造反的理由是非常勢利現實的。因為清朝拿走了漢人的銀兩和女人，所以要反清，反清成功就能拿回那些東西。

這部分其實很巧妙，他參透了庸人的特質，**庸人皆認為自己就是聰明人，所以認為跟自己價值觀相近的人也同樣是聰明人。**陳近南為了說服別人照著自己的想法去做，把自己裝成了韋小寶的同類，取得其認同。正如電影的劇情裡所演的，韋小寶立即承認自己是聰明人，而相信了陳近南的計劃。

不知韋小寶有沒有想清楚，其實真正追求銀兩和女人的人，反而是陳近南所說的讀過書、明事理而在朝廷做官的人？讀書比起造反更容易成功而且更安全吧？明明造反是高風險、低回報的東西，卻被說成是一個致富之道。

陳近南說服韋小寶時，強調反清，卻不強調復明。那是因為他以利益作為理據時，其實恢復明朝是沒有任何利益的事。真的反清成功了，建立新王朝自己當皇帝不是更好嗎？又何須復明？韋小寶也留意到這點，便說復不復明根本就是多餘，但陳近南並沒有回應這句。

反而在後面講述反清計劃是「把龍脈挖斷令清狗氣數盡」時，卻露出了馬腳，說這樣的話回復大明江山指日可待。也就是說他從來都是想復明，只是他深知這種沒有利益的事情，根本說服不了韋小寶，當時就絕口不提。

而續集《神龍教主》中，當韋小寶得到財富和女人，並認同康熙是個好皇帝，問他為甚麼非要反清不可時。真相才被透露出來，既然都有銀兩和女人了，為何還要反清？陳近南直接說這是他一輩子的願望，反清復明是真實的，但他為了實現它，反而要在韋小寶面前裝成是假的。

被人以「宗教方式去催眠」的人，正是韋小寶自己。陳近南知道夏蟲不可語冰，卻又想把韋小寶拉進反抗運動中，便將事情解釋成合乎對方世界觀的說法。既然韋小寶以為全人類皆是追求物質金錢與愛欲，甚麼追求理想也只是用來裝模作樣「呃蝦條」[1]的方法。韋小寶相信人類都是為錢做事，陳近南就立即裝成一個死要錢的人，而非否定韋小寶的觀念不合事實。

他既沒有試圖道德感召韋小寶，也沒有責備他是不顧大局、不問世事的覺青。而是順著他原有的思考模式，把自己的計劃加進韋小寶本來的框架裡，以對方能理解的方式解釋。只要令韋小寶做他想要做的行動，陳近南需要的只要韋小寶真的有去做，他怎麼看那件事其實不重要。

陳近南這段劇情，對於任何想改變社會，把事情做好的人，其實都很有參考價值。他告訴了你，要想**說服別人接受你的想法時，最好的方法是甚麼？不是責罵，不是灌輸洗腦，不是要他去讀書，而是理解你想說服的對象，走進他的思路裡看自己。**

1 保留作者原文。廣東話中「呃蝦條」為「呃西屌」之諧音。「呃」是指欺騙、「西」是指女性的性器官、「屌」是指性行為，合起來的意思是哄騙對方上床，意指誘騙。

Battle 10

只要有人比你慘，在其他人眼中你就不算慘

——唐伯虎點秋香

#賣身葬父　#貨比三家　#小強，你不能死　#謝謝你，九五二七

要是大家看過周星馳那部《唐伯虎點秋香》，應該都記得戲中有一段講述唐伯虎為了混入華府，決定裝成賣身葬父的窮人。本來都快成功博取到秋香同情將他買進華府了，剛好又來了一個賣身葬全家的人，因為死的人比較多，情況更慘烈，獲得了更多同情，威脅到唐伯虎賣身成功的機會。

然後兩人就開始比慘，不斷講自己的慘事，為的就是爭奪那個職缺。一開始先比寵物，一方死了自己養的狗，一方死了人類歷史上最出名的蟑螂「小強」。小強也死了後，就有人開始亮出滿手毒瘡，另一個不服又打斷自己的手。最終，有人索性殺了自己，令自己成為最慘的人。但因為他死了無法賣身，反而讓唐伯虎成功當上了家丁。

你可能覺得這段劇情很荒謬，故意演出來逗你笑，現實怎可能會有人比慘，還為了比慘而自殘呢？我只能說，這不僅是現實而且每天都在上演，做的人更不只是小丑或諧星。

其實做一些事裝可憐、博同情以取得援助，在現實時有所聞，香港人稱這種行為叫「賣小強」。最直接的方法當然是行乞；商業上賣小強，就是強調自己創業艱難資源少時間緊迫，為產品付出了多少努力，或者這次賣不出去就會破產，希望別人能賞臉增加銷量；在政治上就更明顯，絕食、自焚，或者公民不服從勾手被人拖走等等。

所有賣小強的行為，都是將自己化身為受害者，並強調自己是受害者或犧牲者的身份，以博取別人的同情，感召第三者幫助自己。不論對象是秋香、市民大眾，還是國際社會，都希望能為自己出頭，施以援手，或者至少願意捐款。說穿了，都是想引發對方的同理心，然後讓對方支持自己，並認為自己合乎道德，也就是所謂的道德制高點。

曾幾何時這招的確是有效的，畢竟香港曾經是個同情心氾濫，會管到伊索比亞饑荒和華東水災的城市。但最近已經慢慢不靈光了，不論對於香港市民或是國際社會，當受害者或者賣小強不僅不再被同情和照顧，反而被無視——如果不被敵視的話。為甚麼會這樣呢？你可能想不到，這齣無厘頭喜劇正好教了我們這件事。

就像電影情節一樣，賣小強這種行為，會出現比慘的戲碼。只要有人比你慘，在別人眼中你就不慘，甚至根本就不想理你。為何香港發生的各種社會運動，例如濫捕、司法不公、抗爭者被打、法治崩潰、北京失信等等，國際社會都不怎麼聲援呢？只要你翻開國際版，看到敘利亞內戰，幾十萬難民湧去歐洲就能明白。

香港一堆人講到香港快要末日，可是比起內戰的國家，你又哪裡亂、哪裡慘呢？反而是非常和平繁榮。香港的抗爭者被人關被人打的也許可憐，但畢竟沒怎麼死人，天天有飯吃，肯定慘不過天天有人戰死和饑荒的地方。

對於國際來說，有甚麼同情心都優先送去敘利亞了，怎樣都輪不到香港。甚至說，香港就算再惡化幾倍，都不會輪得到。因為這世界比起之前要亂太多，慘的地方多的是，別人死全家，我們卻只是「手指甲菌晒黑邊」，所以對於國際來說，香港所謂惡化都只是皮毛之患而已。

況且，這麼多人自顧不暇的時候，自然也沒有餘閒去同情別人。**隨著世局變得紛亂，更多人的處境變差，他們的同情心也隨之隱藏起來，它沒有消失，而是心裡早被自己的問題困擾，不再遊刃有餘。自己先過得安穩，才有心力去關懷別人，而當這種空間消失後，同情心也會淡化。**

劇情最妙的地方，就是在這場比慘競賽中，雖然最慘的人死了、贏了，但是得到職位的卻是輸掉的唐伯虎。他沒有比對方慘，卻能得到想要的結果。為甚麼？因為死了不能當家丁，就失去了對別人的利用價值，沒死的人才能夠被利用，而對別人有用的人才會得到援助。到頭來，其實別人是否援助你，也是衡量幫助你能否解決你的問題，以及幫助你這件事，對他們是否有意義；而你對援助者，又是否有任何價值？

故此，再賣小強，也不會為我們得到甚麼。**所以若有想要爭取些甚麼，還不如先看看誰能幫自己，再想想自己能給對方甚麼好處**，好讓他們伸出援手吧。

1 保留作者原文，廣東話意為「指縫卡了些黑色髒汙」。

Battle 11

藉由卡通角色戲謔逗笑包裝下的黑色預言

#快打旋風 #反烏托邦 #有罪推定 #有關係就沒關係

——超級學校霸王

在《超級學校霸王》這部電影中描述二〇四三年未來的香港特區政府。反派將軍回到了過去，想除掉未來會成為法官並且將他定罪的余鐵雄，問題是為何單憑一位法官就可以決定其有罪與否？是否未來的香港已沒有了陪審團制度？

這令人感到疑惑的未來香港特區到底變成了怎麼樣？還能維持像過去英治時期的法治社會嗎？我們可以從電影的細節，側寫出作品中設定的未來香港是甚麼面貌，而出奇地，電影裡的未來香港，恐怕是一個黑暗的反烏托邦。

然而還叫作「特區政府」，代表在故事的時間線裡，香港在二〇四三年尚未獨立。若留意一開始在「香港特區警察情報總部」的招牌，用的是簡體字，掛的還是現在內藏五星的所謂「換氣扇旗」，代表那時候的香港還是由中華人民共和國統治的，而且文化入侵得很嚴重，至少在政府的層面已經無法保有傳統繁體字了，這絕不是好的兆頭。

那時候的香港社會風氣又是如何的？從黎漢持所飾演的特區高階警官準備派特警回到過去追捕將軍時，可以因為郭富城和他有親戚關係而不用去。這就明白地告訴大家，故事裡的香港特區警察，恐怕已是一個裙帶關係能影響人事與決策的腐敗組織。而且眾人對於長官的坦白說法沒有一點抵抗，只是點了點頭，可見「靠關係」在未來的香港已成常態。從這部分可以看出，未來的香港特區絕對是一個人治社會。

其實從結局也看到了，余鐵雄對將軍說：「將軍！我一定會判你有罪。」這句話仔細想也很可怕。無罪推定去了哪裡？**只要有權力，就可認定對方有罪，堅持要判對方有罪，再去找容易告入的罪名。這根本不是法治社會的行為。**

除此之外，那時候的香港特區警察全部植入了晶片，一旦說謊，就會全身觸電。如果真的有這種裝備，是否有興趣裝在現今的香港警察身上？可以想像，「說謊」已成為未來特區警察的嚴重問題，才需要直接植入晶片去牽制他們。

即使如此，電影裡的警察們在說「我們特區警察絕不說謊」時還是立即遭受電擊，準確預視到未來的特區警察難言誠實可信，必須靠粗暴的懲罰才能控制。而且在故事的後期，還揭露了未來的香港不僅很可能被禁止侮辱國旗、侮辱國歌、侮辱警察，甚至還拿預防愛滋病當理由禁止性行為（但可能有「『不反對通知書』制度）。立法禁止性行為後，想也知道香港人會因為「總之犯法就不對」而放棄了這個權利。

在在顯示這作品裡，未來的香港特區政府是一個裙帶腐敗，被極權管控，立下大量嚴苛法律，並利用高科技與慣性說謊的警察去監控人民行為的極權政府。而觀乎今天的特區政府，這個未來很有可能會成真。

這樣的話，會想要反抗腐敗極權政府的「將軍」也許並不那麼壞，他很可能只是想回復香港人自由進行性行為的權利也說不定？說不定將軍被余鐵雄法官判了的重罪是暴動罪，甚至可能只是非法集結或者不誠實使用電腦。

無論如何，就算阻止了將軍的陰謀，未來香港的生活恐怕也好不到哪裡去。怪不得在結局時，未來特警們因為日本有了新任務而能留在英治時代時，一堆人都在歡呼了。

1 是指香港政府用以表達「不反對」特定事物的官方文書。

Battle 12

不勇敢的人，他的善良只會是有限的

#尚書大人真機靈 #我還有點餓 #牆頭草 #軟弱的加害者

——九品芝麻官

同治皇帝是在西元一八七五年逝世的，故此，我們可以知道《九品芝麻官》大概發生在哪一年。李蓮英在當年其實是二十幾歲的青年，但在電影裡的形象卻是個年老公公。

那是因為打從一開始，這就不是個歷史故事。而是一部戲劇，這些人物不代表史實的同名人物，而是在一個把制度黑箱做為題材的戲劇演義裡。所登場的角色，其實刪去了姓名，他們代表的只是一個個角色類型。用的全部是野史的設定，包括同治皇帝死於性病而不是天花。

最好的例子就是方唐鏡，史實中的狀師其實地位低下，被人鄙視。但在電影裡，他卻備受尊崇，充滿菁英的味道，這意味著根本就不是清朝的狀師，而是穿著古裝的律師。所以這從不是一個以反映清朝為目的的古代故事，而是一個穿著古裝的現代故事。

不過，比起自我意志強烈的方唐鏡，我覺得來福、回春堂掌櫃，以及尚書大人……等角色才是最值得細細品味的。

來福就是個學歷較低的藍領階層，老實的做著服務業的普通人。回春堂掌櫃也是個為百姓賣藥的小人物，就像是今天的藥局職員。至於尚書大人，則是一個事業小有成就的中階官僚，沒犯甚麼大錯，多少也有點道義，至少他曾經想過對以前的恩人報恩。

他們都只是普通人，不偷不搶，不會主動加害人。可是事件發生後，來福與回春堂掌櫃卻被收買作了偽證。刑部尚書苦讀有成，出場時頗為瀟灑，一副道德楷模的樣貌，但一察覺報恩是需要挑戰強權，還有可能會「被ＤＱ」的時候，便義無反顧地站在強者的一方。電影進展到劇情後半，包龍星成為高官，當強弱開始逆轉，風向一亂時，他更是左搖右擺不知所措，才冒出了「尚書大人還真機靈」這千古金句。

這些人是反派嗎？如果硬要黑白分明的話，是的。不過這些人本來是沒惡意的，也就是所謂大部分平凡人。只是**他們不敢也不會對抗強權，在這種先天畏懼下，再加一點恩威並施，就立即成為了惡徒的幫凶。**

他們是反派卻不是壞人，只是沒有原則，軟弱的人。如果這案件不牽扯進他們，**他們可以當一輩子的善良老好人，可是不幸地，真的遇到大是大非問題時，就露了餡。他們才是最現實的反派，大部分都只是隨波逐流的庸人。**

尚書大人其實不是機靈，也不是左搖右擺。相反，他其實貫徹始終地畏懼強權，依附強勢。如果他真的那麼聰明，那麼他話就不會說那麼盡，也不會到最後，都搞不清楚自己該站哪一邊。畏縮與恐懼，使他由一個模範的優等生，墮落成醜態百出，看人臉色的小角色。

可是，這些人才是社會的主流。我們在嘲笑尚書大人的時候，總不要忘了，**面對強權，我們是否真的那麼有勇氣，那麼有正義感呢？**如果不能的話，恐怕我們要和尚書大人同病相憐，覺得他其實也沒那麼差，就只是倒霉而已。

若沒有勇氣，大部分人所謂的善良，面對強權時，其實都是禁不起考驗的。

---

1 被DQ是指Disqualification「取消資格」的意思，在香港延伸為「被免除官職」之意。

Battle 13

想擊敗強敵不見得要比對方更強

#勇氣　#世界最強武術　#不講武德　#就等這個大場面

——破壞之王

在《破壞之王》這部電影裡，周星馳所飾演的何金銀，是個其貌不揚、體格瘦弱，性格上懦弱，經濟上是個窮光蛋，事業也是個社會地位低微的外送員，是一個徹頭徹尾的魯蛇（Loser）。而在電影裡安排給他的宿敵斷水流大師兄，則是一個完全相反的人：自信、強大、富裕而且受人敬畏，甚至連感情上也有著先天優勢，因為跟女主角是青梅竹馬。

但就是這種最弱對最強的極端設定，為電影設下了理想的舞臺。這個故事要講的，就是怎樣才可以以弱勝強。

弱者一開始就承認自己的懦弱，不敢跟強者對抗。直至有一天，發覺要是保護不了自己珍惜的事物，最後會變得一無所有，而開始反省，想要變成強者。

下一步就是急功近利。「強」是長年累積的結果，想要走捷徑在短時期內變強只會被人利用，嘗試了很多無效的方法，損失了時間金錢還要受辱。可是，終究是累積了勇氣，敢於對抗強權，害怕正面對抗後果的他蒙面上陣，竟然贏了。**他開始理解到哪怕是強弱懸殊，勝率甚低，勇氣本身就開啟了勝利的可能性。弱者因為勇氣，而獲得救贖。**

可是得到勇氣的他，卻要面對更強的大敵。一個說只要三個回合就可以將他打死的大敵，強到別說勝利，連生存都已經很困難的大敵。

何金銀求的就只有生存。他故作疑陣地讓對方起疑而拖延出手；不惜犯規地要鬼王達（港譯為：鬼仔達）在場外恐嚇對方；糾纏住對方使對方不能有效攻擊。為了生存，他用盡一切不正統沒底線的做法，甚麼道德、甚麼面子、甚麼底線，都一概捨棄，生死之戰唯一重要的只有生存下去。可是，只有一條底線是不能觸碰的，就是投降。不會為了生存而投降，因為生存是為了戰鬥下去。

最終成功存活到最後，雖然贏的還是大師兄，可是卻令他的面子受到很大的侮辱。而顏面盡失的他要殺了外送員，惹到神憎鬼厭之後，最終失去了冷靜的大師兄還是被擊敗了。

何金銀有變得比大師兄和黑熊厲害嗎？這是個好問題，就算何金銀連敗兩人，但體格與功夫上明顯沒有比他們厲害，就連一般的武術家他也沒把握能將對方打敗。

可是他還是最強的人，因為他是最有勇氣的人。**最有勇氣的人，並不是高大英俊一身肌肉、裝備訓練精良、一看就知道很厲害、贏面很高的人，而是那些一無所有、明明成功**

的機會很低，還是為了正確的事，願意挺身一戰面對明顯比自己厲害很多的對手的人。最強的人，不是不會畏懼恃強凌弱的人，而是充滿恐懼卻還是鼓起勇氣面對恐懼的人。真正的強，源自人類的內心。

剛者易折，強者到處展現出強大，是為了掩飾他內心的弱小和害怕受傷害，所以他才會不斷恐嚇你、說大話，令你不敢與之對抗。可是就像裁判一樣，明明說到自己那麼強，偏偏說那麼多還是不打，你就會發覺他跟你一樣都在恐懼，只是他更會掩飾而已。

面對看似不能擊敗的強敵，還是想盡一切方法擊敗對方，那才是真正的強者。**「破壞之王」破壞的不是敵人也不是物件，而是「弱者必定會輸」、「強者不能被戰勝」的想法。**

當你破壞了這樣的框架，你就會看到勝利之路。

Battle 14

能傷害你的不是鬼，而是喪失冷靜與判斷力的恐懼

#魔鬼剋星　#心中有鬼　#終極追殺令　#正氣鬼神欽

——整鬼專家

《整鬼專家》（港譯為：回魂夜）教會了我們捉鬼要用保鮮膜，打鬼用巧克力，但是有了這些東西，我們就不怕鬼了嗎？這些用品隨處都買得到，但真的有助我們去對抗鬼嗎？在回答這問題前，那就要先問另一個問題，甚麼是「鬼」？

在《整鬼專家》的故事裡說明得很清楚，所謂鬼，是人往生後遺下的意念，那種意念能夠影響人的精神，可以令人產生幻覺。雖然能影響思想，但鬼終究只是一種能影響精神的能量。不會咬人、不會打人、不能殺人，所以根本沒有直接傷人的能力。

鬼只活在你的心中，也活在別人的心中。電影裡從沒有說清楚，鬼到底真的存在，亦或僅是眾人集體產生幻覺而發瘋。只是，當你懷疑有鬼時，鬼就存在了。《整鬼專家》中很清楚的傳達了一個觀念，那就是鬼不會直接傷害你，而是令你自己傷害自己。

鬼之所以能傷害你，是因為它能令你恐懼，使你感到疑心重重，失去冷靜和判斷力，

自己嚇自己，令你把身旁不是敵人的人視為敵人，進而互相殘殺，互相攻擊，使你傷害自己。最終傷害人的並不是鬼，而是那些因為鬼存在而疑神疑鬼的人。

反過來說，如果你能像故事的 Leon 一樣意志堅定、有膽識，知道自己正在做甚麼事，不輕易受眼前的事物或幻覺所影響，也不會輕易懷疑你的同伴是鬼而攻擊他們的話，其實鬼能做的也沒多少。你可以看到電影裡 Leon 把一隻鬼追到盡頭時，那隻鬼也只能對他表示我只是一隻鬼而已，你以為我能怎樣？

正如 Leon 在電影裡有一段說過，你覺得鬼很恐怖，只是因為有些人告訴你鬼很恐怖。實際上多數人沒真的碰過、認識過，也沒有被它咬過。**正因為你根本不理解，才會把自己一切的想像投射上去，而無限放大了對鬼的恐懼。**

鬼並不是那麼神通廣大，無所不能，是人類先害怕它，再把它想像成無所不能，再將一切的問題和失敗，都歸究於有鬼。鬼會讓你知道它存在，然後再讓你懷疑每一個人都是鬼，而被你攻擊過的人就會反擊你，最終兩敗俱傷。

所以故事中大部分角色對著鬼也只能逃，Leon 卻可以把鬼打到逃，請留意這並不是因為他是個有任何超能力或者靈異能力的道士天師之類，他其實和故事裡其他角色一樣，都只是普通人，是否受鬼影響，是心理質素的分別。

鬼依附在我們內心的弱點上，不論是輕信眼前的幻覺、受傳統的觀念影響，或者是受同溫層的恐慌傳染。**因此捉鬼的真正方法，並不是要對付鬼，而是針對自己，補足自己的弱點。當你的精神弱點愈少，鬼對你就愈沒有殺傷力，甚至是退避三舍。**

所以，看了這電影後，如果懷疑身邊有鬼，與其花時間疑神疑鬼，不如讓自己的精神變得強健。鬼是除之不盡的，如果你意志堅定，不僅可以不受它影響，甚至可以反過來戲弄它。捉了一隻鬼，又會有另一隻鬼補上，但要是擁有一顆不被鬼動搖的內心，卻是再多鬼也對付不了你的。

Battle 15

善惡重要，還是活下去重要，你該做何選擇？

#無間地獄　#臥底內鬼　#我想當好人　#誰要跟他換

——無間道

在電影《無間道》裡，劉德華飾演的「劉健明」，是個被警政單位正式錄用，在編制內的執法人員。可是他實際上卻是黑社會滲透進來的臥底，以協助他真正的老大。雖然有身份、有警員編號、有制服穿、有執照、有收入而且有退休金，但他做的事情，客觀上卻在傷害這個社會。可是，因為官運亨通，有權力地位和錢，他慢慢享受去當警察，而想捨棄自己不停犯罪的過去。

劉健明在電影裡不斷重複說想當個好人。可是所謂「執法」或「維護法紀」，在能獲取好處時當然樂意去做，但只要法律與制度對他不利、甚至威脅到他時，為了保護自己，他不惜殺人滅口，嫁禍他人，法律制裁和公平正義在生存面前也必須讓步。

跟他相映照的是梁朝偉所飾演的「陳永仁」。他當過警校生，被黃秋生說服加入黑社會當臥底。他做的事情，客觀來說，也算是在維護法紀、守護社會。可是，檔案解密前他並沒有編號，也沒有執照。正常人根本不會將他看做是警察。

而這故事的爆點在於陳永仁察覺到劉健明的真正身份。他決定要揭穿這件事，並把劉健明送上法庭，產生了故事最大的衝突。他的行為，和劉健明是剛好相反的，**劉健明的法紀只會在符合私利時存在，一旦跟私利有衝突時就會消失；但陳永仁當與私利有衝突時，卻還是選擇維護法紀，選擇冒險一搏，最終還斷送了自己的性命。**

在劉健明眼中，彼此合作，不該有人提起的事情就把它忘記，各取其利，沒有人會受害，大團圓結局有甚麼不好？而在陳永仁眼中，看到了就不能當沒看過，原則是不能妥協，真相是如此就要面對，即使最後的結果對大家都有危險。在很多人眼中陳永仁很笨，可是，**無可否認，作為一個真誠的執法者，即使法律會和自己對著幹時也會奮不顧身地去執行。**

這是最弔詭的地方，陳永仁為了正義殺死了自己，正義殺死了好人。而劉健明之所以生存，正是因為他對正義的信仰贏不過對生存的堅持。陳永仁是理想的執法者，而劉健明則是現實的執法者，而在這故事裡，最後生存下來的是後者。執意維持正義的人因自滅而減少，而只在有利時才維持正義的人，則會繁榮下去。

所謂物競天擇，適者生存，就是指比起善惡，存亡對未來的影響更深遠。

Battle 16

權力使人腐敗，正義感與情義又何嘗不是？

——追龍

#跛豪 #五億探長 #天下分黑白 #唯有孽隨身

如果我說，腐敗並不是源自人類的醜惡，而是源自人類的善良與美德，你信嗎？

在電影《追龍》中，豪哥帶著一群兄弟朋友來到香港，沒甚麼一技之長可以謀生，一窮二白，被人欺負，在社會的邊緣浮沉生存。因為被抓，而結識了雷洛。

雷洛與豪哥關係的出發點，是同理心。看到自己的同鄉因為貧困而被捕，而法律不外乎人情地想要放過他。並願意支援他生活的金錢，而豪哥之所以投身販毒事業，是因為扛下了一個被暴力對待的窮女人欠下的債務。**引領他們腐敗的起點，與其說是單純的貪婪，不如說是同情心，以及因為感性而承擔和想解救別人的不幸。**

即使同情，身為警察，雷洛大可公事公辦。一無所有的豪哥，也無須肩負起根本不是自己借貸的債務，而甘於屈服於一個自己也不太喜歡的黑社會頭目下，參與他的販毒事業。這些都是大條道理的，他們表現得比起一般人，更有正義感與同情心。而法律與制度，對他們來說並沒有那麼多的價值，在善良的動機下，他們毫不猶疑讓法律在情義面前讓步。

為了同情、愛情、義氣、友情、孝順，照顧自己兄弟，扛下別人的債務，令自己的家庭過得好一點，把家中的窮人從貧困中救出來，保護自己的伙伴不被欺負。他們需要更多的錢，更多力量。錢和力量可以扭轉這些不幸，而只有腐敗，才能夠令他們得到他們需要的力量。

雖然這故事大部分角色不是腐敗，就是犯法，但正派與反派的差異，在於他們表現方式。反派很簡單，例如洋人警司亨特花天酒地侮辱他人、顏探長為了升職、花仔榮為了滿足性慾，反派就是追求滿足私慾和虛榮。這些就是我們想像中的腐敗者面貌，邪惡、殺之不可惜。

而正派的腐敗者，例如雷洛為了照顧同鄉與義氣，豪哥為了兄弟家庭親友，都是為了扛起別人的責任，保障別人的生活，他們必須腐敗去維持那些被保護者的幸福。他們並不是沒有教養的人，相反，是認同並實現了傳統美德的乖孩子。我們一方面知道他們腐敗，但卻不能一口咬定這些人對社會是有益，還是有害。法律本份與仁義道德，在這裡便產生了交戰。

想像一下，一個在貧困農村，自少受傳統儒家教育、孝順仁慈的孩子，努力讀書想要改變命運。後來考上了大學，整個鄉村籌錢去支付他的學費和生活費，甚至賣掉自己養了很久、有感情同甘共苦的耕牛。這種故事，你有聽過類似的故事吧？然後這個好孩子哪天學成，出仕當官，故事就算是圓滿的結局嗎？

進入了官場的當事人，背後的是甚麼呢？他的背後欠下了整個同鄉和家庭的巨大人情債，一群生活困苦也支持他的親友。當這些人想要討債，但好孩子合法領取的薪水，卻只能支撐自己的生活時，那他就只有兩個選擇，要不接受了自己受人恩義無法償還，也沒有能力負擔起別人的義務，那就必須要拿到錢，很多的錢，去回報那些有情有義的人。

那麼，除了公權力外甚麼都沒有的你，要錢，下一步是甚麼？答案也很顯然了。

從這樣看，你可以看出為何嚴刑防範不了貪污，酷吏也阻止不了挺而走險。在多少貪官心中，他就是那個探長雷洛；而多少犯罪者看自己，就是看到豪哥。酷刑代價雖大，但這些人如果把負別人的責任，令同鄉幸福這件事，看得比自己的性命還重要，刑罰是不能阻嚇他們。哪怕有一天為此而死，對他們而言，也只是為了自己人的幸福從容就義，問心無愧。

若社會沒提供合法的方式，去讓人完成自己的義務，善良也會成為腐敗的溫床。回到我在文章最初的提問「當腐敗的背後是令人感動的故事時……」現在的你做何感想呢？

STAGE II

電子遊戲街

Battle 17

比起輸贏，百姓期盼的不過是吃飽穿暖

——三國志

#蒼天已死　#大數據分析　#民意調查　#民之所欲

光榮的《三國志》系列，是戰略遊戲的經典。既然是戰略遊戲，自然是憑藉著武勇的行為，即是佔領土地去取得政治上的進展。但是武勇也需要後勤的輔助，武將背後需要文官，故此三國志也有很多「和理非」（和平、理性、非暴力）的後勤行為。例如增加經濟生產、賺錢、製造武器，生產交通工具（例如馬），外交、情報、處理地方工作（即是內政）……等。

這些在現實中很難檢驗出成果的行動，但三國志遊戲的世界觀裡，最強的不是呂布，也不是諸葛亮，而是各種民調和統計機構。只要是三國志遊戲，每個月都能得到很詳盡的民生資料，從庫房剩下多少錢、物資站剩多少糧、現場有多少兵力，還要精算到個位數，就連民意支持度都一應俱全。

所以我敢說世上沒有任何國家的統計與民調機構，比東漢末年還來得強、更具公信力，雖不知道是否反映現實，但至少我可以肯定這種強大的統計機構已經失傳。所以這遊戲可以準確的反映民意，就是「民忠」值，即是市民忠誠度的簡稱。

因為大多數市民都是各掃門前雪，基本上你的大部份行為都會喪失民意，但這並不是只有佔領行為才會導致民意下跌。其實你去要求市民課金，或者徵兵都會導致民忠減少。就算你不採取所有影響民意的行為，民意也是會下降，因為即便你不偷不搶，只是等待尸位素餐難道市民會喜歡你嗎？

那麼要怎樣贏得民心呢？是否佔據道德制高點就能夠獲得民意，或者是面對敵人的武力攻打，玩家得保持克制不還擊，甚至在傳媒面前扮演受害者，擺出好像很有型的POSE（例如慷慨赴義特意向後望再舉手、鏡頭前流眼淚）贏取同情就可以呢？根據我玩了這麼多款《三國志》的經驗，證明了東漢末年的市民不吃這一套，我到現在都沒有見過有哪一代是靠乞憐就可以提升民忠的。一般來說，你只能用這種方式去贏取文人的忠誠度，但他們不能代表一般民眾。

想要提升忠誠度大部份時候都只有一個辦法：那就是派發糧食。可能是發送米、發送醬油、發送便當、月餅、火鍋、棕子……之類，如果是較南的州郡可能還會有蛇宴。只要你有米，不論你之前對百姓做過多過份的事，他們的金魚腦都會很快忘掉，人民的忠誠度又回升到一百，忘掉了那些食物是之前從他們手上拿來的再發還給回他們的。

你說這樣不就是賄選？**那些人真的不知道誰才是好人，誰比較仁德、該支持誰嗎？這遊戲讓我知道，百姓才不談這個，他們也不知道誰打贏了會對世界比較好，其實你也不知道。但至少他們升一升民忠度就有免費東西吃，減低了家庭負擔這才實在。**總好過聽一堆口惠不實的人講「漢室會戰勝歸來」甚麼的。一單位的米在玩家眼中看來不值錢，但對於窮人來說卻是很有價值的。

而且你也要注意，發送糧食的人的魅力值通常對效果產生決定性的影響力，因為百姓的支持也不僅僅是物質，很多人的生活都很孤獨或者被鄙視，魅力值高的人會讓他們感到被理解和關懷，也是對你忠誠的理由。**有時發送糧食只是一個媒介，傳達的是你依舊重視他們的存在才是重點。**

如果沒有顧慮到這一點，就算你講了再多的大道理都是白講的，民意來自甚麼？真的能幫到他們的人和事。如果你都冷落他們，或者擺出高姿態，你對漢室的所謂忠誠與堅持又有甚麼價值呢？

況且在三國志世界裡其實人人都自稱是漢室忠良吧。

Battle 18

對抗怪物的人，要當心自己不要變成怪物

#美女與野獸　#狂戰士　#保有良知　#順從野性

——獸王記

在神話時代，宙斯的女兒雅典娜為了對抗從地底復活的惡魔，主動率兵前往討伐，沒想到雅典娜卻被惡魔俘虜了。而老爸宙斯為了不被冠上干涉他國內政的污名，便解開了一位因為力量過於強大而被封印千年的獸戰士。命這位有著人類智慧，又具備能變身為野獸，役使獸人之力的肌肉大漢前往救人，而你就是這位肌肉大漢。

正如尼采在《善惡的彼岸》著作中所述：「所謂與怪物戰鬥的人，要小心自己不要成為怪物。」這款由SEGA發行的橫向卷軸動作遊戲《獸王記》之所以誕生，就是為了考驗你能否實踐這句話。

因為遊戲裡會出現貌似仙丹的光球。你一定聽過嫦娥的故事吧，都知道吃一粒仙丹能長生不老，吃兩粒就能飛上月球，但是吃三粒會怎樣？對，你猜中了，在遊戲中服用第三枚仙丹，就會變身為怪物，解放出潛能，將敵人打到片甲不留；但是你也可以不收集任何

光球，繼續赤手空拳被打到片甲不留。

順帶一提，對抗怪物，不止要變成怪物，面對不同的環境（關卡）和敵人，還要變身成不同種類的怪物，總之只要變了身就能輕易獲勝，不變就連生存都成問題。

這款遊戲最好玩的地方，**就在於內心會糾結是否要成為怪物，畢竟此舉表示自己放棄了人性與良知，又與敵人有何分別呢？**所以我堅持只吃兩枚仙丹，以保有我作為人類的良知，享受內心的矛盾與交戰。相信我，在面對勝利誘惑時堅守道德底限，不變成怪物，能夠讓你自 high 到分泌很多快樂激素。

但若堂堂正正以人類的模樣拚到最後，並見到一個光頭佬時，他瞧到你連怪物都不敢變，就會覺得揍你這個廢柴都嫌浪費時間，轉頭就走。你就要繼續重打同一關，然後又會再見到他，如果你還是沒有變身，他還是不想浪費時間跟你打。

直至你第三次碰到他，他才終於會被你的堅持感動，並大發慈悲地跟你打。你一樣有機會將他打敗，雖然會難很多。最後你也的確可以破關，但前提是你要很強，而且得比變成怪物多花至少一倍的時間，非常艱苦，YouTube 上就有些神人是這樣玩的。

不過選擇這麼做之前，你最好先問問自己是不是神人，如果連變身成怪物破關都沒試過，卻以為自己可以靠人類形態取勝，這可就過度高估自己。據我所知有人因為這個堅持而一直卡關，到最後索性關機不玩，那就本末倒置了。他應該至少變身過一次破關，再驗證自己能否不變怪物破關吧？

Battle 19

世道敗壞路見不平，行俠仗義為國為民

#街頭快打　#請求火力支援　#體制外抗爭　#分岐結局

——怒之鐵拳

《怒之鐵拳》（Streets of Rage）是九十年代 SEGA 在 Mega Drive 主機上推出的橫向動作名作，這個遊戲臺灣又名「格鬥三人組」（或稱四人組），直到一九九四年為止一共推出了三代。沉寂多年之後，已在二〇二〇年的四月推出了第四代新作。所以就趁這個時候介紹一下。話先說在前頭，此遊戲純屬虛構，並沒有影射任何現實政治時事的成份。

翻開說明書，《怒之鐵拳》的故事設定是這樣的。曾幾何時，有一座快樂、和平，而且經濟繁榮的城市，市民每天都充滿活力地生活。但是某一天，一隻巨大的黑手想要控制這座城市的一切，他們利用各種秘密且違法行動（當然也違憲，例如解釋法條之類的），一方面隱藏身份沉潛在城市的背後。過程中使出各種手段，把當地政府與體制悄悄地收編了，一堆人為了想要的東西，例如名聲地位、政治生涯、事業或者是財富，就聽從了那組織的指揮。

最後他們將警察體系也都收編了，警察從保衛市民的部隊，變成了會對於某些人犯罪睜隻眼、閉隻眼，甚至仇視反抗的市民。結果這個城市不再安全。大家再也不能安全的走在街上，不是被黑社會打就是被警察刁難。

後來出現了三位年輕的警察，他們主張要對付那些襲擊市民的黑社會，便向上司提議，可是卻永遠被上級們阻止。因為高層不是早就被收編，就是為了生活而噤聲，畏懼權勢而不敢反抗。直到某天，因為三位年輕的警察看不慣眼自己的城市早晚會被勾結黑幫的政府摧毀決定索性辭職走人，老子不幹了。這三位主角的名字分別是 Adam Hunter，Axel Stone 和 Blaze Fielding，他們決定不再扮演執法者，而親自上街打倒統治城市的黑暗勢力。辭了工作，沒收入也沒飯吃。以前住警察宿舍，現在無家可歸，甚至可能要入獄坐牢，但是主角們認為這才是自己應該做的事。

他們雖然不再有配槍、防暴裝備、卻都是優秀的格鬥家，他們脫下制服換上市民的服裝，走進了最混亂的現場，以自身武力打倒那些黑社會與跟勾結的警察，要光復這座城市。將城市從暴力和壓迫中解放出來。

以上是我讀了原版說明書所理解的故事設定，不信你可以自己去找來看，網路上都還找得到。這也解釋了為何他們是普通市民，但遊戲中按下特殊攻擊鍵時會有警員幫手出來支援的原因，因為作為前警察，還是有少部份未被收編而不是只服從上司要求的警察同夥，願意在不驚動其他同事的前題下偷偷幫助市民。你在結局時會看到第四位朋友，他雖然不在前線卻總是支援前線的人，這位看不到臉的，算是這三人組的第四人。

另外，不知道你有沒有破關過呢？如果你真的成功推進到幕後黑手的 BOSS 面前，他見你抗爭有效，他就不太想跟你打，反而對你伸出友誼之手，對你說：「你已經證明自己不再是那些庸才，為何不乾脆加入我的陣營，當個官員、議員之類一起統治這城市呢？」

要是你選擇不答應，他就會對你開槍開戰；要是你答應了，你也有一個對你而言是不錯的結局。

破關後結局畫面也是因應這裡的選擇分歧而有所不同。**若你決定選擇擁抱威權，你就只會看到坐在豪華辦公椅上的自己，而看不到這座美麗的城市與海港了。**

Battle 20

#留一手 #密集恐懼症 #多重變身 #我本來不想用這招的

明明能火力壓制迅速取勝，何以敵人總愛溫水煮青蛙

——彩京STG系列

在九〇年代的時候，當時的遊戲中心有一大堆縱向射擊遊戲機台，從古老時期的CAPCOM推出的《一九四二》發展到中後期的彩京「STG系列」。在這些遊戲的每個關卡中，最後都會出現一隻BOSS，台灣俗稱「魔王」、香港則習慣稱為「大佬」。BOSS就是鎮守該關卡最後的巨大強敵，具備強大的火力，而且要射很多發子彈才會死，要是你不打倒BOSS，是無法過關的。

可是當你攻擊它，對它造成傷害的時候，可能因為激怒了對方，它也會對你提升火力。換句話說，你愈攻擊對方，反而引來對方愈殘暴愈恐怖的還擊。

BOSS會用武力鎮壓你，你卻沒有辦法輕易一下擊倒它，你愈打它，它就會愈變本加厲，一開始你面對的只是最初形態，是溫和的，它刻意用較低的火力攻擊你，使你低估了它的威脅。

可是當你不斷地攻擊 BOSS 的弱點，使其受傷時，BOSS 就會變身成第二形態，對你使用更強的火力。若你持續攻擊弱點，連第二形態都受更大傷害時，就會再次變身，也就是最終型態。此時最危險，火力最強，密集的子彈佈滿整個畫面，當你對抗它時，死掉的機會也最大。

不過，也只有等它露出最終型態，以最大的火力攻擊你時，它的弱點才會暴露出來。也只有在這時候，若你還是沒放棄戰鬥，等到它最強的時候，也是你最有機會擊敗它的時候。因為最終型態之後，就沒有之後了，最後一張牌也出了之後，就是 BOSS 滅亡、過關就在眼前了，也就是所謂「黎明前的夜晚是最黑暗的」。

而這些射擊遊戲，其實也是看你怎樣盡可能不死，如果是彩京的遊戲的話，其實它暴露出最終型態時，已經是在消耗自己，就算你不發一彈，光用時間拖著，它也會自然的滅亡。迫到對方暴露一切的真面目時，已經是走向勝利之路了。

所以這也解答了「為何最終型態那麼強，何不一早就變最終型態？」的問題，因為暴露真身和最強武器是有代價的，就像各種惡法一樣，當你把政府迫急了，政府就會把最後手段弄出來。**最終手段不一早便拿出來的原因，不是因為仁慈，不是因為對你好，而是因為深知用的時候代價很大。如果拿出來無法收拾你的話，就會導致自己的毀滅，所以非必**

要就不會祭出來，祭出來定必全力使用，希望速戰速決。

射擊遊戲之所以存在，是想教育所有玩家，如果想達成你的目標，你必然要克服這個最終 BOSS。要是你害怕它的火力，一直見不到最終 BOSS 的最終形態，也正代表你一直都沒有邁向勝利。

1 Shooting Game 卷軸射擊遊戲，指畫面會捲動，玩家操作的角色（多半為飛機）要在畫面中一邊推進一邊閃避敵人發射的子彈，並用自身的子彈擊破敵人。通常分為畫面由右向左移動的橫向卷軸，以及由上向下移動的縱向卷軸，也有的遊戲是兩種方向捲動方式並存的類型。

Battle 21

#地獄無門自來投　#拚經濟發大財　#有命賺沒命花　#防疫政策

拚經濟還是救人命，一念之間天堂地獄

——毀滅戰士

《毀滅戰士》（DOOM）這款遊戲，當年之所以會大受歡迎，除了仰賴前作《德軍總部3D》（Wolfenstein 3D）的玩家們支持外，另一個原因便是可以實現連線對戰。最早只能透過區域網路對戰。但到了第二代，已經能夠藉由數據機與傳統電話線跟朋友連線對戰了。而隨著後來因為很多對戰型即時射擊遊戲如雨後春筍般冒出，《毀滅戰士》的熱潮便不如以往，漸漸不再像其它一線主流大作，那麼地受到玩家們的關注。

雖然這遊戲應該沒甚麼人會去留意或談論劇情，但《毀滅戰士》其實還是有故事背景的。在初期版本的故事中，主要是講人類研究傳送科技，結果不小心連通到了地獄，導致大量的妖魔鬼怪被傳送到了地球引發災難。因為這個故事不是那麼深刻，所以在二〇一六年版本的《毀滅戰士》（DOOM 2016）時，整個故事設定就被修正翻新過了。

在新版本當中，雖然一樣是講在火星基地開啟了連接地獄的通道，不過目標卻不再是星際間的傳送。畢竟都已經是二十一世紀的第二個十年，大部份人類早就失去對太空時代的雀躍，對於宇宙航行的興趣已減低了。所以焦點換成另一個更現實的問題，那就是能源危機。

在新的故事中，連接地獄的通道其實是刻意被開啟的，因為有一個叫 Dr. Samuel Hayden 的博士（他是個機器人）發現了可以利用地獄取得無盡的能源，解決人類的能源與經濟危機，而建立了一個特殊科技塔。這次也不是誤打誤撞才發現地獄，而是一早就知道對面是地獄，還組了探險隊多次進去探險。

但這次依舊導致了地獄大軍湧入。不是因為意外，而是其中一位研究員當了吳三桂把惡魔引入關。惡魔大軍在人間到處擴散，就像肺炎疫情一樣，導致大量人口死亡。才令毀滅戰士得要靠武力封關，也正是這款遊戲的主線。

只是武力封關雖然可以阻止疫情擴散，但代價也會同時截斷從地獄來的能源供應。最終 Dr. Samual Hayden 也動搖了。因為對他而言，人類如果失去這些能源，就會出現經濟危機使得文明倒退。當防疫與發展出現衝突時，他和毀滅戰士就出現了對立。最終他認為這件事比人命更重要，而毀滅戰士則認為只有不計代價全力封關，才能夠解決問題，所以他們便在最後關頭決裂了。

就如全球對抗肺炎疫情時期，不論是決定封鎖國境、封城，還是持續開放，各國採行防疫政策不同，所造成的後續效應也不同，以及當初東京奧運到底要不要續辦的難題。**這世上總是充滿取捨與選擇，很難以一句「我全都要」就將問題全都解決了。**所以……你是支持為經濟發展而甘冒人命風險的博士，還是不惜一切都以抗疫為先的毀滅戰士呢？

Battle 22

成就平庸和不凡的差異在於是墨守成規還是能變通思考

#知恩圖報 #參照SOP #大智若愚 #重獲自由

——仙劍奇俠傳

天鬼皇是誰？要是你曾玩過《仙劍奇俠傳》一代的話，應該會記得有個超級麻煩的迷宮叫作鎖妖塔，在裡面迷路很久之後，你會找到一個吸妖壇，打開它的話，裡面被封印的妖怪「天鬼皇」就會跑出來襲擊你。

天鬼皇因為主角救了他，所以要報恩。可是根據鬼族法律，對人類報恩的方式，就是吃了人類，讓他們成為鬼族的神聖不可分割的一部份。況且，據說吃了九十九個人類，就能夠獲得自由，雖然沒有任何根據與證明。是不是很熟悉的對白？規則就這樣寫，我也只是照著做，你不要怨我。天鬼皇也真的說了那種大家常聽到的老掉牙對白。

但主角說，雖然鬼族的法律是這樣，不過因為引起這件事的起因，是他進來救了天鬼皇，那麼應該負責任的就是主角本人，而不是天鬼皇。所以決定這件事要怎樣報恩的，也應該是主角，所以應該根據人類的規則去報恩，而不是依鬼族的規則去報恩。

而天鬼皇聽了之後，並沒有因為權威，堅持自己鬼族的規則，明明眼前的主角是個陌生的人類，天鬼皇卻能接受了他的說法。最後幫了主角，還間接解救了全塔的所有妖怪。

主角心裡覺得天鬼皇很單純，用這句話就把他蒙混了。當年看到這一處，我卻不太滿意這個安排，特別是看到天鬼皇幫了主角，還對主角報恩時，我就更加覺得不公道，主角憑甚麼看不起天鬼皇覺得他單純呢？

我一點都不覺得天鬼皇單純。因為我認為**單純的「純」多數是訴諸權威，就是因為欠缺自己的判斷力，才會將腦袋與責任交給他人。**原因無他，對天鬼皇而言，他只是遵守鬼族的規則，就算是錯的，他也可以推卸責任，我想大多數人都會這樣做。

但天鬼皇卻會考慮眼前一個陌生的人（甚至很可能是敵人）所講的道理，他能認同如果救了自己的是對方，若是要是報恩，就應該依對方的要求來報，而不是因為鬼族規則而一廂情願給予對方不願接受的「報恩」。

你再比較一下現實中多少人倚仗著「我是為你好」之名去做的各種事情，你會發覺天鬼皇是因為能夠尊重他人，而且自己會獨立思考，才有這一段的故事。絕不是因為「頭腦單純」。

之後在鎖妖塔崩潰時，天鬼皇自發地想到要把主角李逍遙當成恩人要報恩，這裡證明了他絕對是出於自己的善良、情感與價值觀。所以他才沒有被權威或規則綁死。最後他不用吃滿九十九人也能得到自由，也證明了他的判斷對自己也是有利的。

以善良的動機，開放的心態聽陌生人講道理，作出有誠信的行為，最後得到良好的結果。其實我們憑什麼能夠去質疑天鬼皇？現實有多少人能夠做到像他這樣呢？

我想絕大多數的人遇到了像是天鬼皇的情況，也只會先吃了再說，反正每吃一人就向自由近了一步，規則是別人訂的又不是我的責任。這也更凸顯出天鬼皇擁有的性格特質本身就很特別，即使他不是甚麼有神力的鬼王，而只是一個現實的凡人，但他的性格也註定他絕不平庸。

至於那些女角我就沒甚麼印象了，特別是阿奴，她幹過甚麼？亂丟我的錢？好吧，我只記得這件事其他都不記得了。

Battle 23

身在曹營心在漢，如何在體制內對抗體制

#彈幕遊戲 #人工智慧 #裡應外合 #推諉卸責

——閃電出擊V

相信不少射擊遊戲愛好者還記得《閃電出擊》（Thunder Force）這款射擊名作，系列的特色就是每代的進步幅度都很大，大到連玩法都有明顯的差別。從第一代發展到第六代，遊戲形式甚至從縱向射擊轉變成了橫向射擊。系列也是直到在SEGA的Mega Drive主機上發行後，成為了一時最佳的射擊遊戲，另外《閃電出擊》出名的背景音樂，特別地引人入勝，推薦喜愛本系列的玩家不妨可以去找來聽聽看。

而就本作來看，故事的背景設定顯得有點老掉牙，就是貌似民主的聯邦對抗帝國的故事。初期的故事都是在講很像下跪姿勢顏文字orz的orn帝國，建立了要塞或戰艦去對付聯邦，而玩家就是扮演聯邦的軍人，負責破壞帝國的超級兵器。值得留意的是，聯邦和帝國都不是地球人，兩陣營都是外星人，系列發展到第四代為止，故事的都沒甚麼特別也跟地球的關聯性不大。

在第四代的故事完結後，聯邦的戰機流落到了太陽系……對於聯邦而言，太陽系只是一個邊境落後的鄉下星系，大概跟土著差不多。對於地球人而言，就是有機會接觸到極為先進的外星戰鬥機，便嘗試派出科學家去逆向工程，將那些外星技術變為己用。

為此，人類建立了超級人工智能電腦「Guardian」，這部電腦有強大的學習與演化能力，它成功將戰鬥機拆解和逆向工程後，使得科技有了突飛猛進的革新，促進一整個世代的技術進展。但隨著研發的過程和得到更多知識，人工智慧終於覺醒，變得有自我意識。

看到這裡大家能猜到接下來會發生甚麼事吧？多半想到是智能叛變、背叛人類，然後大舉入侵地球。發展至此，你可能會想這樣跟前四代相比不也是一種老掉牙劇情嗎？表面上看是這樣，但事實上，是人工智慧系統被敵人入侵了，反過來被利用去攻擊人類。

所以嚴格來說電腦並沒有叛變，它只是沒法反抗系統下達的指令，而被迫執行。就像現實中的許多基層職員一樣，他們可能對於公司或政府反感，但在制度下，卻還是得被迫聽從上級指揮，必須執行上級的命令甚至為政府鎮壓傷害市民。即便是身為巨大系統中的小螺絲釘的公務員畢竟都還是人類，相比之下，身為機械的電腦更無法反抗。

一直要到遊戲的最後結局，這才發覺當初電腦的自我意識不僅沒有讓它背叛人類，反而一直都忠於人類，可是它同時又被迫接受命令得攻擊人類，那它是怎樣處理這種矛盾的情況？結果，它的做法就是：執行命令攻擊人類，可是卻盡可能犯戰術錯誤，將部隊分開而且分散成薄弱的防線，盡量製造漏洞減少傷亡，方便人類反擊。

最終人類勝利時，才發現全是因為電腦一直在放水，這也解釋了為何人類能以寡擊眾，或者有時那些敵軍配置那麼不合理到輕鬆就能突破了，將這些行為完全地合理化了。

是的，**遵守命令是規定，不能反抗也無可奈何。可是細節怎樣執行、是否要犯錯，或者是否要賣力做得最好，甚至是故意做得不好擺爛放水，「執行命令」與「反抗」並不衝突。**要怎樣在體制內反抗體制？這個二十年前遊戲的故事，早已經寫了出來。連人工智慧都懂，但人類卻總會找一堆藉口說自己只是執行命令來推卸責任。

當年東德瓦解，法庭審判一位射殺逃亡人士的公務員時，公務員也是這樣說自己只是受命行事，無法反抗上級命令，不應該要承擔犯行。但最後的判決是：接收到的射擊命令固然不能反抗，但射不射得準卻是他自己能夠選擇的，道理是完全相同的。

人工智慧尚且不會以一句「自己只是執行命令。」就將人類往死裡打，但現實的公職人員卻很多時候一句「違反命令就是助紂為虐。」，做為生物真的是連機械都不如。

Battle
24

#末世生存遊戲　#生化危機　#種族清洗　#恐怖攻擊

當國家恃強凌弱，無法保護人民，起義只是剛好而已

——異塵餘生II

《異塵餘生》（Fallout）這系列遊戲有很多人是從第三代或者外傳〈新維加斯〉才開始接觸的，所以其實不是那麼多人都玩過第二代，也因為它是二十多年前的作品，我玩的時候還是在Windows 95的時代，又沒有復刻，所以雖然名氣很大，但真正玩過的人相對少。

《異塵餘生II》的故事，其實就是發生在續作都會見到的NCR，也就是「新加州共和國」的領土裡。在後面幾代的遊戲中，大家都只會感受到他是「廢土」中一個較強大的民主國家，但在第二代故事裡還在發展期中，曾在初代登場的女性總統蔡……不對，是叫做TANDI還在世，正在拓展北方領土的時代。話說這位總統好像由第首任連任八十年才有第二任，看來NCR也沒民主到哪裡。

你在三代或之後幾代看到過的許多元素和設定，其實都是在第二代就出現的，例如「鋼鐵兄弟會」，雖然已經變成次要角色。有些好像從此消失了，例如舊金山有條唐人街，好像在以後的故事中沒怎樣提過？

二代的大反派「英克雷軍」（Enclave）在之後也仍有登場，他們實際上就是政府的正統繼承者，懷抱著建制以及一群相信建制與法律的人，由一個少數人選出來的首長領導，所以他們認為自己有合法的權力，擁有美國的主權，有權統治美國。

但現實是，當戰後的社會崩解之後，過去由威權與法治所推動的信用制度早已消失，根本早就沒人當一回事，為了止暴制亂匡正法紀，英克雷軍計劃掃除所有變種人。雖然他們裝備精良武力強大，可是不聽話的暴民太多了，單靠武力並不足以令社會安定。所以他們建立了科學院國家生物安全實驗室，製作與研究生物武器，即是病毒。想要製作高危險性，只要傳播出去就可以令大量的人口染疫，最後虛弱甚至死亡的病毒。

為何要製造這種病毒？因為病毒可以隨風傳播，染疫者的器官會衰竭，最終消滅低等人口。英克雷軍便可以為廢土換血，放入那些「奉公守法」的市民們，達成重新殖民的計畫。

不過病毒想當然非常危險，所以作為生物武器，他們必須先研發出疫苗或治療方法，使自己可以不受影響才能夠散布出去。而玩家的任務就是潛進去破壞實驗設施，讓他們的陰謀無法成功，當然，《異塵餘生》會有後續的續作，就是基於二代的玩家成功阻止陰謀的設定。

但主角的做法不僅觸犯了法律上的非法入侵，還破壞公共設施，攻擊當地警衛是襲警，帶著幾個同夥一起行動是非法集會，更別說密謀殺死總統、炸掉實驗室甚至是搞恐怖活動。一個美國開發的遊戲竟然想叫玩家對抗美國政府？不過這遊戲就是在教育小朋友，**一個保護不了百姓，反而想盡辦法對付百姓的所謂統治階層只是一堆渣滓，主角會起身反抗也是替天行道。**

這樣看來遊戲中英克雷軍做的事情是不是跟現實中某些國家的政府很像呢？當然啦，政府想的東西都很相似，會犯的錯也很相似。

1 「廢土」（Wasteland）是用來指稱遊戲中被核武器破壞過的世界。跳脫本篇提及的遊戲之外，「廢土」的末日世界觀也影響很多作品，如《瘋狂麥斯》《北斗神拳》……等，並演變成為一種文化創作的類型。

Battle 25

身陷錯誤的環境和制度，天才也不過是庸才

#四肢發達　#頭腦不簡單　#扼殺創意　#不世之材

——暗黑之破壞神II

要是你曾玩過二〇〇〇年發行的《暗黑之破壞神II》（Diablo II）的話，應該會記得它還曾推出一個資料片，叫作〈毀滅之王〉。這個資料片讓本來只有四關的遊戲，新增了一個第五關。而第五關的背景，是在野蠻人的故鄉，對抗毀滅之王 Baal 軍隊的入侵，不少玩家應該都還有點回憶吧。

既然是野蠻人的故鄉，自然裡面都是渾身肌肉的野蠻人，從村長到鐵匠都不例外，這個造型也很適合野蠻人的稱呼，就是肌肉比起腦袋發達。不過，諷刺的是，這群人當中竟然藏著了暗黑破壞神世界觀中，思想最接近現代文明的人，他就是第五關的鐵匠 Larzuk。沒錯，就是平時負責幫你修理武器的那個人。

玩這款遊戲的人，通常都是不太在意遊戲的對話，就算在意，也很少會無聊到去按鐵匠「閒話」這個選項，聽這個擺明是武器店的人說話的閒話。可要是你有心去聽的話，就會發覺 Larzuk 絕對不是個普通的鐵匠，而是一個很有創意的科學家和發明家。

請聽聽他這一段：

「I've offered Qual-Kehk my ideas on how to break the siege, but he dismisses them. Is it because I lack scars of battle, or does he think I'm a couple arrows short of a quiver?」

這段說，鐵匠提出了一個點子想突破當前被圍攻的戰況，只是沒有人搭理他，他懷疑是不是因為他並非在前線參戰的戰士才被冷落。

那麼，他到底是給了甚麼提議呢？你去和野蠻人領袖打聽就知道了。

「Larzuk is a talented blacksmith, but his head is full of some strange ideas. Just the other day he came to me with a plan to break the siege. He wanted to fill large pipes exploding powders and steel balls, then… Well like I said, strange.」

鐵匠提議的是拿一個鋼管，填一些會爆炸的粉末進去，然後在裡面放一個鋼球，之後把那個鋼球用爆炸的力量射向敵軍。大家對他這個建議嗤之以鼻，覺得他雖然很聰明但這個想法也真的太怪了。但是這個你應該聽得出來是甚麼吧？就是現代的槍砲，原來他想發明大砲。

而你再看看另一個角色 Malal 怎樣說他：

「Larzuk possesses a good soul, but at times his mind seems quite unsound.
He once asked me for 20 of my finest sheep's skins. He said he would fill them with hot air and float like a cloud above the battlefield to spy on Baal's legions.
I worry the siege has driven him mad.」

他說要剝二十隻羊的皮，製成一個大皮球，然後在裡面灌進熱空氣，皮球就會浮起來就可以在空中看到敵軍的形勢，這不就是熱氣球。不過也沒有實行，因為大家覺得他提出這樣的說法是因為戰爭的壓力令他腦子出問題了。

留意到了吧？原來第五關的鐵匠雖然看起來只是個普通的野蠻人肌肉佬，卻幾乎發明了熱汽球和大砲，但只因為當地的文化完全不認同他的想法，不願意同意也不給他材料去實行，所以一個天才橫溢的科學家和工程師，就這樣被藏在野蠻人堆裡當鐵匠為其他人弄弄刀劍，而野蠻人就繼續是野蠻人。

這樣的情況其實不罕見，有人問何以歐美國家出得了那麼厲害的科學家，而不是其他地方呢？其實可能我們幾千年的歷史，也出現了很多有這樣才能的科學家，可是他們就和這個遊戲裡的 Larzuk 一樣，**雖然有創意有才能，但社會卻沒有環境讓他去發展，於是就這樣埋沒了。所以，就算給你怎樣的天才，若環境與制度文化銜接不上，也是徒然的事。**

現實的例子就是明朝一個小官宋應星，在明朝的體制裡，他只是一個不起眼的小官，多次考試不第，作為一個不成功的書生，他卻寫出了一套科學技術百科全書，叫作《天工開物》，流傳下來在死後才被發現，原來明朝曾有過這樣的一位科學家，只是明朝的社會沒有科學家的位置，讓他只能考科舉，如果他生於西方，他的人生會全然不同吧？

環境與制度其實比起一些才能更加重要，只要細心看，就會發覺在遊戲裡也有這樣小小的寓言。

Battle 26

逃避困難和兩難，只會讓你陷入另一個更大的兩難

——魔獸爭霸III

#危機處理　#感情用事　#面對問題　#當機立斷

在《魔獸爭霸III》（Warcraft 3: Reign of Chaos）講述的就是一場瘟疫，那場瘟疫是經由國內經濟重鎮，透過輸出遭感染的糧食而傳播蔓延的。可惜的是阿薩斯王子發現得太遲，在查出源頭時，有問題的糧食已經物流至各個村莊。

阿薩斯發現了糧食受到污染後，本來想要阻止糧食配送，可是抵達斯坦索姆城時，受感染糧食已經擴散，並導致了社區爆發。深信絕大多數人口已經被感染，少部份人則病發。接下來他們病發死去後就會變成喪屍傳染給更多人。

當然，如果及早封關，事情就不會惡化到這個地步，所以到頭來是政府掉以輕心，未能及早應對而導致的。但這基本上不是阿薩斯王子的責任，因為封關太遲，阿薩斯王子被迫陷入一個兩害取其輕的處境。

為防疫症散佈，阿薩斯王子決定要將整個城市的居民人道毀滅。士兵以防疫為理由，

在沒有搜查令之下衝進民宅，然後市民神秘死亡，死因無可疑。可是同時他卻在城市裡遇見了不死族的人，認為正是疫病的源頭，便在人道毀滅完成之後立即追擊對方去到北方了。而他女朋友珍娜和導師烏瑟爾因為接受不了他殺害市民，因此割袍斷義翻臉。

雖然阿薩斯王子的行為有部份是正確的，就斯坦索姆已經全城淪陷被感染的情況來看，他已經沒有好的選擇，任由所有人病發再傳播到其他地方，只會令疫情更不可收拾。他也不能像武漢一樣封城全城隔離，因為以他手上的人力，很可能擋不住想要出城的人，無法阻止所有漏網之魚。

若要說他犯了甚麼錯誤，其實就是在清除了當地貧窮人口之後，他應該留駐在當地徹底地進行消毒，把所有大體確實焚化，確保沒有疫病遺留，並維持當地的封關，整肅散佈疫病的邪教。阿薩斯的錯誤在於在未完全根除疫病擴散之前，就分散精力去做別的事情，追擊甚麼不死族老傢伙。所以即使一時付出沉重代價減緩了擴散，最終也無法遏止疫症，未能讓社會有更萬全的準備，還是使得全境淪陷。

所以，《魔獸爭霸Ⅲ》一早就告訴我們，預防勝於隔離、勝於治療。**選擇拖延、猶疑不決，逃避困難和兩難，選擇不封關的結果，最終你只會陷入另一個更大的兩難。**

Battle 27

混亂世局中越是失敗就越壯大的宗教經營學

#普渡眾生 #怪力亂神 #增福慧消業障 #永動機

——人中之龍

「無南超赫伯圖奈斯教」是SEGA發行的遊戲《人中之龍》（龍が如く）系列世界觀裡多次登場的宗教，但名字實在太長，為方便閱讀，以下將會簡稱為「某教派」。

根據《人中之龍0》的設定，某教派是一個在八十年代末興起的組織，當年是經濟繁榮卻人心浮動的時代，只要有點八、九十年代記憶的人，可能會記得當年還盛傳一九九×年就是世界末日，所以人們需要希望，某教派亦因此而生，創教教祖叫作「無南超鈴木上人」，由於名字太長，以下簡稱「人哥」。

自從八十年末開始，人哥就要求信徒們定期集會，在集會中舉行儀式。人哥認為，藉由這些儀式，就可以不斷累積民氣，透過累積民氣就可以獲得救贖。這些儀式包括集會、下跪、用雙手來擺出奇怪的姿勢、集體呼喊口號、唱歌。他們稱呼這些行為叫作「殊樂畢比」，簡單來說就是一些自己相信可以拯救自己和這社會，展現誠心的無意義行為；至於民氣，他們稱之為「庫・里波斯」，就是一些自己也解釋不了為何有用，總之累積了就會達成願望的能量。

教祖之所以要你做這些殊樂畢比，只是透過把門檻降低，讓你接受「進行儀式就可以獲得救贖」的想法，當你深信這個想法之後，就會要求你做其他成本更大的殊樂畢比。比方說叫你捐錢，他們叫作「捨離超」，也就是賣贖罪券的概念。某派別便是透過長期賣贖罪券營運下去的，他們需要這些贖罪券來買更好的籌款設備，租用場地以及給幹部支薪。

但要是你拒絕做殊樂畢比，或者質疑他們沒有效，那些信徒就會群起批鬥你。認為他們認為殊樂畢比是他們人生與世界唯一的救贖，他們努力在拯救世界，而你不參與，就是沒有盡力，就是不對、不道德。因為他們不認識、不承認，也不會去思考任何做殊樂畢比以外可以解決問題的方法。他們平常雖然滿口愛與包容，但面對不信者卻樂於使用言語暴力及肢體暴力。

這樣的宗教從八十年代末期運作到今天，明明二、三十年都一直沒有帶來救贖，社會與信徒處境越來越糟，但信徒卻有增無減。因為對他們而言，沒有帶來救贖只因為他們不夠誠心，殊樂畢比做得不夠多、信徒數量不夠，所以更需要做更多殊樂畢比和提升信徒量。他們完全沒考慮其實殊樂畢比是沒有任何意義、沒有任何效果的行為，可是他們腦子裡只有「做就對了」「沒成功之前你怎麼知道不可行」地要求信徒繼續做。

值得留意的是，教徒們盲目，人哥可是很清醒的很，早在《人中之龍0》人哥被遊戲的另一位主角真島吾朗私了而受傷的時候，他可沒以為做殊樂畢比就可以治好，而是去叫救護車。可是他的信徒卻真心相信，而集體專注舉行儀式，因為他們接受了「儀式沒用是因為做得不夠多」，所以他們對於儀式沒有效果這件事已不覺得有問題，而失去了反省的能力，只會繼續做到死的一天。

雖然人哥近年慢慢反省，淡出了教派，但教派卻沒有消失。因為真心相信的教徒們，這麼多年的投入與堅持，告訴他們自己一直做的殊樂畢比毫無意義，**這已不是真假的問題，而是否定他們被白費的人生與光陰的問題。這麼多年投入了的錢、付出過的血汗、下過的降頭、唱過的歌、虛耗的光陰，都失去意義？那人生就只剩下一片空白，他們才不要。**

直到現在，這個宗教連身為教祖的人哥都不需要了。光靠新進的信徒們，便能將無南超赫伯圖奈斯教持續運作下去，反正「失敗使處境更惡化，反而能要求信徒投入更多」，是不可攻破的無敵邏輯。它可能就這樣一直壯大下去，直到永遠也不奇怪。這世界上總有不願面對現實環境惡劣，而委身於假希望做殊樂畢比的人。也許教祖是對的，這些人你不騙他，他們不會愛你。

教祖唯一做錯的也許只是他沒將自己也欺騙了而已。

Battle 28

時代在變，當文字獄也從平面紙本進化到數位平台

#防火長城 #白色恐怖 #文字審查 #網路獵巫

——還願

相信大家都還記得因《返校》這款遊戲而聲名大噪的赤燭遊戲工作室，推出了以迷信為主題的新作《還願》後，卻被發現遊戲場景更新前有張寫了「習近平小熊維尼」的符咒，而被中國地區的玩家檢舉韃伐，留下大量負評並迫下架。

其實同樣的情形在遊戲界時有所聞，因為在中國，玩家洗負評是不需要理由的。例如英文遊戲，會單純因為沒有中文化，就被人洗了一堆負評。即使是沒有資金資源的獨立工作室，也不會得到任何諒解，以一句「沒中文化」就斷定遊戲開發者「對中國人缺乏誠意」，而毫不猶疑地送出負評。

要是你長期留意類似事件，便會發覺事件的發展幾乎是如出一轍。首先，遊戲因為其內容或廠商的行銷，而得到大眾好評口碑。之後突然有人挑出遊戲內容的一小部份，他們認為可能有問題的點。接著誅心論就會浮上檯面，例如：「沒中文化就是沒誠意。」「習近平是小熊維尼就是搞臺灣獨立！」再於遊戲其他部份不斷地找線索附會這種論點，甚麼遊戲中的這個謎題的數字就是影射六四、影射中國政府、影射中國人。然後在其他本來觀感持平的玩家圈中擴散，就會同意誅心論，開始認同自己也是被害者，出於義憤就跑去負評，在廠商底下大罵、退費、迫代理商下架。之後不可免俗的，又有少數人出來為遊戲辯護，說開發者根本沒辱華與政治意圖，然後瞬間被負評炎上淹沒。最後再有人出來感嘆，這樣中國的遊戲審核又會變得更嚴厲了，都是那些居心不良的外國人連累我們。

誅心的人認為是開發者立意不良；勸架的人認為開發者要進來中國市場就得自重不要踩線；辯護的人則認為開發者其實沒有那種意圖。看似各執一詞，可是共識還是有的，那就是創作者有沒有自由表達主張的權利？大家則一致認為是沒有，無需討論。

這是沒有客觀標準的界定，只要有人找到一個理由可以誅心，事件都會立即成立。**但為何這麼容易就觸犯底線呢？因為那條底線本來就可以隨便挪移，而其他參與起哄的人，找到機會就見獵心喜，即便失敗了也不會有代價，只是一哄而散再等下一次機會起哄而已。**

讓創作者人人自危的世界，是由強橫阻擋你的防火長城與審查、隨機爆發的炎上文字獄，以及接受讓這兩者去勸受害者讓步的鄉愿者組成的。真的能分清政治與經濟的人，本來就能超脫立場地欣賞別人的作品，就好比成龍的政治主張經常引發爭議，但他的電影，特別是早期作品的確很好看，這就是客觀的成就。但會這樣想的人恐怕寥寥無幾，熱衷於製造文字獄的人恐怕是更多。

要想宣揚政治歸政治、經濟歸經濟，就得明白分割兩者所需的修養可不是人人都有。**這是每個創作者終要面對的問題，你終究只有兩個選擇，一是越來越妥協，在推展新專案時，因為害怕越位，而自我審查到退回球門處。**拿人手短、吃人嘴軟，最終因為日益依賴，你的成功只會導致你走向接受政治上的要求，可能得在官網上寫出主宰者想看的話，也可能是必須交出用戶個資。至於良心與尊嚴？想都別想。當別人拿著你員工的生計、商業合作關係與股東利益威脅時，把良心與尊嚴拿去銀行兌成美金似乎是做不到的。

否則，你早該放棄那個市場，選擇自謀生路。在一個用錢衡量成就的社會當中，刻苦經營，不時地被人嘲笑不識時務，不過也許你夠堅強又走運，進而找到了你的新大陸。

創作者理想的世界，最好的結局當然是既能表現自我的真意，又能名利雙收，可是我們明顯不是處於這樣的世界，那就只能兩者取一了。

STAGE
III

漫畫地下工廠

Battle 29

天才之所以怪，是因為不被凡人所理解

——怪醫黑傑克

#無照醫師 #天價帳單 #生命的價值 #不爽不要醫

手塚治虫最知名的作品之一《怪醫黑傑克》（Black Jack，港譯為：怪醫秦博士）中主角黑傑克之所以是位怪醫，是因為他拒絕加入了現代的醫療體系。他並沒有醫師執照，所以是無照醫生。而作者卻給了他高明的醫術，以「醫術高明的無牌醫生」的角色，去嘲弄社會，與現實社會產生衝突。作者也說過了《怪醫黑傑克》的主題不是介紹醫療技術。

在大眾認知中，黑傑克是個會收取「天價」醫療費的無良大夫。因為他收很多錢，又會賺很多錢，所以在平庸的百姓眼中，他就是個乘人之危、在別人需要醫療時趁火打劫、大吃人血饅頭的混蛋。如果現實中有這樣的人，大概會被一堆知識分子、學者及公眾人物出征。

但是黑傑克不會理這些吠聲。你不能對黑傑克說：「你是醫生，你的責任就是要醫人，不准你不醫，更不能靠『哄抬價格……』來提供醫療服務。」對他而言，這種責任並不存在，

「醫療」只是人類不得不買的商品，而他是一個擁有這搶手商品的提供者。醫療是交易，交易就是你情我願。

在黑傑克的觀念裡，醫人與否是醫生的自由。大眾認為他貪錢，也只是一廂情願。這世界上一堆庸人對於道德的判斷就只有「收錢」或「免費」：免費就是道德，收錢就是吃人血饅頭，了解不到甚麼錢可以收，甚麼不能；甚麼應該免費，甚麼不能。

病人想要被醫就要說服醫生去醫治你。黑傑克只會挑他接受的人去醫，而他不喜歡大部分的人，特別是一堆覺得「有錢就是大爺」、「醫生就該值多少錢」的人。他眼中的「醫療費」不是服務價錢，而是你的命值多少錢，所以會對不同的人開不同價。對於那些覺得有錢是大爺的人，他就會開出連這種人也覺得驚慌的天價；但對於他想醫和值得醫的人，有時甚至會不收錢或只收取象徵式的費用。

會被收很多錢的人，是因為黑傑克認為他沒有「錢」以外的生存價值。你是個有錢人，對，但你也就只是很有錢的人，絕不是很有價值的人。這絕對是針對世界上一大堆覺得自己有錢有資產，就是有身價的人。

所以重點是黑傑克覺得願意，而不是他理所當然就該這麼做。如果他真的覺得你這個人不應該被醫，就算有再多錢他也不會醫。但當然，錢可以換成其他更有價值的東西，這是他大部分時候還是會收錢的原因。**他不是為了病人、不是為了錢，也不是為了「職業」的責任，而是因為他願意為了換來自己覺得有價值的東西，去忍受醫一個他眼中沒價值但有錢的病人。**

而如果為了更有價值的東西，可以醫人，更可以不醫。如果不醫人可以令世界變得更好，那就不醫。怪醫之所以怪，是因為他並不是一個庸人能理解的「標準收費醫療機器」，不能像「投幾元拿一罐飲料的自動販賣機」般理解他。他有自己的價值判斷，而大部分人根本無法理解那麼複雜的東西，只會覺得這醫生很貴，免費時又會覺得他做的事情莫名其妙。

對於覺得將一切都視作理所當然、看不到事情價值的人來說，可能要反覆多看幾次《怪醫黑傑克》，或者可以令他領悟到甚麼。但我想，很多人看完之後，應該還是大叫「你是醫生就有義務救人」之類的話，最終還是完全抽離，沒辦法將這作品的訊息讀出來，看完就忘了吧。

Battle 30

在戰爭的世界裡要想存活，請先拋開感性並保有理性

——基地88

#傭兵　#代理戰爭　#花錢買忠誠　#銀貨兩訖

如果你真的想要在短時間組建一支空軍部隊的話，最好的方法並不是花個十年八載自己慢慢訓練一途，而是僱用傭兵，就像下面要講的這部作品一樣，它的主題就是「傭兵」。

《基地88》（エリア88，港譯為：沙漠銀鷹）這個故事就是發生在一個內戰的小國，為了應付這場戰爭，卻沒有足夠的空軍要怎樣辦？很簡單，那就用錢來解決問題，花錢去和全世界各國簽約僱用傭兵，向軍火商人輸入各國閒置的軍備，並組建了一支名為「基地88」的出色空軍部隊。

傭兵的好處，在故事裡也早就點明了。雖然給付給傭兵的薪水比自己培養的正規軍要高得多，但是對於短期就得備戰的國家來說，傭兵可以直接省略訓練的時間和成本。傭兵們來自五湖四海，因為他們不少都曾是在其他的戰場作戰過，或者曾在他國空軍服役的士兵。而當戰爭結束後他們就失業，如果想要賺取更多的錢，或者單純只是享受戰爭，便出賣自己的戰爭技能維生。

當然會有人問，這些連你自己人都不是的傭兵，怎可能愛你的國家呢？忠誠一定是會被質疑吧。沒有忠誠，又怎可能強大呢？對，就像故事裡發生一樣，該國的人一直都質疑和不信任傭兵的忠誠，但是它們卻不見得比正規軍弱。

畢竟你想一想，現實中的中國解放軍再壯大，但近三十年內，可能最大的實戰經驗也只是鎮壓過學生市民而已。相比之下，那些曾經在中東、非洲各戰場打過仗的南亞、非洲諸國的軍隊或參與者，可能經歷過更危險的硬仗，面對過比只會丟石頭的市民更危險的敵人。在故事裡也是如此的展現，基地88的傭兵身為主角，得執行比正規軍更危險的任務，比正規軍表現得更出色。只要你能保障他們能拿到想要的報酬，他們依舊是忠誠的。綁住他們的並不是愛國心，而是合約，報酬經由第三國與銀行與法庭保障時，他們效忠的就是合約。

故事中傭兵的表現絕對是凌駕於正規軍之上，這當然是因為劇情需要而被神化，可是這卻有一定的合理性。畢竟作品中主角涉及的兵種是空軍，講求的絕對是駕駛技術，當技術高於愛國精神時，結果就顯而易見了。**在戰爭的世界裡，重點不是你的感情，忍受程度與國旗，而是怎樣精確的完成任務，摧毀敵人，並生還回到基地。**

故此，只要你有錢，你就能擁有軍隊。那些軍隊不是透過徵兵、募兵訓練出來的，而是直接買回來的。翻開故事，你看到傭兵的薪水和開支雖然高昂，可是看看現實中建商的建案廣告和售價一比，又會讓人覺得其實軍隊也沒想像中的那麼昂貴和付不起。只要你的政府有錢，就有權僱用他們。

其實自古以來，以傭兵建國是很常見的事情，例如古代的迦太基就大量的雇用傭兵，古希臘人也僱用馬其頓人守護首都。就連今天強大的美國，在南北戰爭時都僱用過德意志的黑森傭兵。而對日抗戰時期，「飛虎隊」雖然說是中華民國的志願美藉大隊，但實際上也是付比一般空軍高的價錢僱用的前正規軍當傭兵。清朝鎮壓太平天國時，也僱用了「常勝軍」。到今天的「黑水公司」，傭兵其實一直都在戰場中有重要地位。而你只需確定有辦法付得出薪餉就可以了。

Battle 31

夢想並非無法實現，而是僅距一步之遙就被放棄了

#星際探索 #空想未來 #宇宙膨脹論 #南柯一夢

——二〇〇一夜物語

在我小時候，大家對於銀河無不充滿想像。想像中的二十一世紀，人類能夠在太空旅遊，住在軌道太空殖民地裡，甚至是開始移民火星。

畢竟在一九六九年已經能夠登陸月球，充滿自信的我們，在幾十年後能登陸火星，又有甚麼奇怪呢？然後過了五十年，我們還是未能跨出月球一步。沒有太空船、沒有殖民地、沒有核融合、沒有外星人，就只有手機的發展遠遠超出了當年的想像。明明科技比以前更進步，可是星空卻像是離我們更遠了。

當我想要找回那時候的感覺時，就會想看星野之宣在八〇年代的作品——《二〇〇一夜物語》。

這個作品並不是一個故事，而是部史詩。講述的是人類從地球開始，經歷千百個世代，不斷向著自己的邊界前進，走過了每個行星，走過了太陽系，到達了別的星系，在銀河系各處開枝散葉的故事。它並沒有一個固定的主角，人類文明就是主角，每一段故事都是這片壯麗歷史的一瞬間、一小段。也許是一個突破點、一場災難，或是一場戰爭，側寫著人類踏上星空的未來。

會取作這書名，作者當然是很喜歡那部知名的科幻電影《二〇〇一太空漫遊》（2001: A Space Odyssey）。是的，這些史詩與故事，都充滿了向它致敬的味道，簡直就像是那部電影世界的延伸。在這個故事中的人類，踏足太空已經是現實，而他們所追求的更大夢想，就是與人類以外的文明見上一面。

雖然講的是未來，但它是八〇年代世界的延伸。當你看到這個太空計劃是美蘇合作達成的時候，有沒有勾起你甚麼回憶呢？那時候的人最喜歡看的是電視，電腦更像是工具，手機還沒有進入生活中。用今天的角度看，八〇年代搬上了太空，在裡面看到的並不是未來，而是懷舊的味道。

可是，隨著故事發展下去，死了那麼多人，拆散了那麼多家庭，探討那麼惡劣的各種宇宙環境，卻沒有看到半個外星人時，人類就漸漸產生懷疑，最終慢慢的停下了腳步不再發展太空計劃，而把心力收回去自己的故鄉的舒適圈裡，經營自己的生活。與其在天空中受苦受難，不如埋首在地上享樂，太空探索的夢想褪色，連預算都拿不到了。故事也因此走向了結束。

現在看這一段的話，就像是預言。雖然我們沒有像故事裡的人走出了太陽系，可是我們對於太空的夢，恐怕也真的消失了大部分。二十一世紀的我們只能擠在天文館。年輕人回顧八〇年代那些科幻作品時，可能會覺得可笑、老土、陌生，當你不再對星空抱存希望時，你就無法感受到那種東西的魅力。

而值得玩味的是，在這個故事裡，是有外星人的。因為讀者們會看得到，可是在故事裡的角色們卻因為各種原因，看不到、碰不著。但我們總不可能告訴裡面的角色們這件事。只令我們在裡面的人差一點就接觸到外星人而放棄時，更感到可惜，這令我很佩服作者的功力與巧思，**也許很多夢想並非無法實現，而是就在只差一步時，我們就將它放棄了。**

隨著對於科學與科技的認知，也許我們未來一、兩千年，還是離不開地球也說不定。但我總是希望，有一天能夠看到另一個對太空有很多想像的時代，而不希望它僅是二十世紀的一個短暫的潮流而已。

Battle 32

想成為英雄，方法並不是只有一種

#保衛地球　#既得利益者　#捐款贊助　#反英雄

——七龍珠

在《七龍珠》（ドラゴンボール，港譯為：龍珠）故事裡，初登場的撒旦先生，看起來只是個庸人，他充滿缺點，贏來的冠軍獎金也是假的。只是人造人18號和他打假比賽，把冠軍讓給他，因為人造人18號只想要錢。這時候的撒旦先生，看起來就只是個自私的既得利益者，而不能算是一個英雄。

後來，在地球的危機解除之後，他收割了拯救地球的光環，變成全人類都認識的英雄，獲得了極大的名聲以及大量的金錢。然而他卻把這些錢，秘密的交給了那些戰士們。

他知道自己能拿到錢，他就專心的去拿錢，然後把錢給需要的人；他願意做公關，就專心的做公關，使會做事的人不用被公關問題纏擾。他是個說謊的人，因為戰鬥不是他打贏的；但他不介意說謊，只因為這對大家都更好。撒旦先生不是戰場上的強者，卻是社會上的強者，幫這些不方便表露身份的戰士們，處理了一切陽光下的問題。

他並不認為民眾把錢捐款給他是因為支持他，就覺得錢是自己的，可以拿錢去操控人。他非常明白這些錢是戰士們贏回來的，只是社會大眾不認識戰士，只認識有名聲的人，只懂課金給他。於是他就把錢無條件的給真正的功臣，他深知這是別人的錢，他只是一個很方便的吸金機器而已。

別以為這個白手套誰都能當，想想，難道撒旦先生難道不覺得「就算戰鬥是你們打的，可是名聲是我用二、三十年去累積的，這些錢市民指名課金給我，就是我的。」嗎？這也不是沒道理，可是他卻沒有這樣想，他沒有因為自己法律上拿著那些錢，便拿出一堆藉口，死都不把錢發出來。他知道這些人需要錢，不能讓這些戰士捱餓、貧困，過沒尊嚴的生活，就直接坦率的用自己的名義收下來，然後再私底下捐出去。

市民大眾不知道那麼多事情，只因為撒旦先生值得信賴也有知名度，就課金給撒旦先生，而不是捐給真正的戰士們。還好撒旦先生作為既得利益者，卻非常樂意把這些利益，用在令社會變得更公平之上。雖然撒旦先生是個說謊的人，但同時也是個高貴的人。

故事主角孫悟空也是高貴的人，不過他比較直白，以自己的性命相搏，幫地球抵抗強敵，不索求任何對物質或者名利的報酬。一個不求名利、只幫大家解決問題的聖人，這是一種容易理解的高貴與純樸勇敢，雖然他年紀並不小，可是形態上是少年英雄的典範。

撒旦先生的善良卻完全相反，他老早就表現出他如常人般好名利、自大、貪心、懦弱。但從他後續的行為來看，**他是完全克服了自己的欲求，也願意將獲取的私利給有需要的人。撒旦先生高貴，在於他有效的使用其世俗名利，他比較複雜，但也絕對是另一種英雄。**

孫悟空是不懂恐懼，淡泊名利；撒旦先生卻是克服恐懼，善用名利。你叫撒旦先生去打外星人，只會變成炮灰；你去叫孫悟空處理資金問題，也不會有好結果。他們都做不了對方的崗位，但他們有做好了自己的崗位，兩者可謂缺一不可，足見當英雄並不是只有一種方法。

Battle 33

當全世界都與自己為敵時，你還能怎麼辦？

#特攝英雄　#星際殖民計畫　#孤立無援　#正邪反轉

——強殖裝甲

《強殖裝甲》（強殖裝甲ガイバー）這部作品的背景設定在八十年代，表面上地球人平安無事的生活著。但是，背地裡外星人開始想要奪取地球的統治權，那就是「克諾斯」，他們在你我的社會四處滲透許多地下組織。原本過著平凡生活的魯蛇（Loser）主角，突然查覺到這個陰謀，在機緣巧合之下取得了超科技兵器「強殖裝甲」。便開始了對於外星人統治陰謀的抗爭。

在一般的特攝作品中，反派統治地球的計劃之所以失敗，是因為他們的組織大多是由蠢蛋領導的。但在《強殖裝甲》的地下組織中，反派的腦袋正常理性很多，知道要想掌控社會，靠的不是派怪人去襲擊軍警、在大街放土製炸藥或縱火燒死公眾人物，而是利用自己強力的經驗、忠誠、全球組織、資源，去滲透政府高層，維安部隊和大企業。控制社會的重要權力，奪取政權。

於是他們就成功了。是的，《強殖裝甲》的故事進展到一半，地下組織就從社會邊緣人變成了主政者，統治了社會。

最後惡黨以滲透的方式控制社會，地球正式被外星人統治，那人類會落入地獄嗎？那也未必，社會還是那麼繁榮，馬照跑、舞照跳。地下組織變成了統治者之後，的確有很多違反人權，進行人體實驗、活摘器官。但是他們很明顯比其他惡黨「聰明」。

比起直接破壞大部份人的生活，他們先是用文化娛樂控制媒體並包裝惡黨，將獸化兵的形象變得親和，再利用俊男美女，音樂劇集去美化自己。這令地球人不僅不抗拒他們，反而開始崇拜和用他們的東西，甚至變成了潮流的指標，經濟也好像好轉了。

你覺得當改造人很可怕嗎？但在《強殖裝甲》裡，到處都是廣告宣傳，只要加入組織、接受教育，就能改善生活，在身份加持下還可以有利仕途升遷加薪。深深掌握人類奴性的外星人，搞到人類不僅沒有反抗甚麼暴政，還爭先恐後地加入。人權問題？侵略者？反正大家只知道，當了獸化兵，就可以征服宇宙和發大財。

故事發展到後期，更解開了歷史之謎。原來在史前時代，外星人為了對抗他們的外族入侵，前往蠻荒之地（地球）尋求新的兵源。偶然之下遭遇了人類，發現他們戰鬥力驚人，卻是難以控制的刁民，便將他們再教育，不是，是進化，才造就了今天的人類文明。站在地球方，他們是侵略地球；可是站在外星人的角度，地球根本就不是被侵略，而是回歸。

這意味著一件事，外星人來這裡，並不是為了使地球人的生活變好的。他們統治地球，只是為了推地球人上前線，加入他們的星際戰爭裡當馬前卒。可是除了少數像主角這樣的人警覺到之外，整個社會都對此沒有感覺，因為根本就不會想那麼多，人性就是如此。

這也真的讓戰到遍體麟傷的主角。**本來只是出於義憤維護社會的廢青，在地下組織控制了政府後，反而變成了不見得光，破壞社會的暴徒與恐怖份子。當整個社會都是自己的敵人時，他能怎樣做？**最後結局會怎樣呢？

結局如何就不說了，如果你沒看過，就從頭開始追吧。要是你早看過了，相信你也都知道結局是不該劇透爆雷的。

Battle 34

神不見得高不可攀，或許是個民主又謙遜的存在

#信仰 #潛意識 #意念的集合體 #善與惡

——烙印勇士

《烙印勇士》（ベルセルク）是套極具知名度的漫畫，在臺灣與香港皆有代理版，也非常地受歡迎。如果你是本作鐵粉的話應該知道在單行本當中，是有少收錄了一話的。這一話大概是八十幾話，副標題叫作〈深淵之神－2〉，主人公凱茲（港譯為：格斯）的黃金時代篇。如果沒被「河蟹」掉的話，位置大概落在單行本第十三集左右。

在本話中，可以說這故事的反派——古力菲斯（港譯為：格里弗斯）的意識，遇到深淵中的「神」。當然，在這個故事裡的神，不可能是甚麼好東西，祂的形象是一個心臟、異形。在這整話中，祂都在與古力菲斯對談。雖然樣子十分駭人，但實際上祂在這話做的事情，其實就是解說。

如果你不想破壞故事的樂趣，那麼看到這裡就該停止看下去了。因為這真的會破壞故事的樂趣。

祂說，人類其實是有潛意識的，潛意識裡潛藏著的黑暗面，就是「魔之源形」。人類的集體潛意識邪惡一面，聚集而成為神。人因為尋求一切的理由、悲慘的理由、死亡的理由，而形成負面情緒，想要處理沒有答案的問題這些情緒，只能尋求超越於此的神的存在，神才因為被需要而誕生。

按照這邏輯，神本身也是出自於古力菲斯潛意識的一部分，也是由古力菲斯的潛意識與邪惡產生的。了解這一切之後，古力菲斯便問神：「既然如此，那你想我做甚麼？」神回答他：「既然我就是你的邪念，你做你自己想做的事情，那便是我想做的事情。」就這樣，古力菲斯就 Red Bull 一樣，許願想要一對翅膀，而他也如願得到了。

雖然在這部作品中神的外表長得那麼醜惡，但從言談中觀察，其實祂出奇的謙虛。祂只是像機器或制度一樣服務人類這物種的邪念。也很十分民主，因為祂是實現人類整體的集合需求，而人類自己有邪念所以才變得邪惡了。跟現實的民主也真的差不多吧？

而這個神的本質，就是人類找戰犯的習性。我們對於生命的不如意、挫敗或不幸，總想要找個理由去開脫。那不是為了解決問題，而是為了自己心裡好過。

而這就是所謂的「邪惡」「魔之源形」，或者神。在大家都相信宗教的時代，那就是惡靈、邪魔、妖怪、邪神在作怪。如果你沒有很強烈的宗教信仰，那也可以想像成是美國佬、日本仔、恐龍法官、國民黨、民進黨、共產黨或者佔中壞份子（喜歡的話自己再增加這清單），本質都不變。**說穿了，其實人類就是需要有個能怪罪的對象。民主政治如果一團糟，跟那個神變成邪神的原因是一樣的，不就是你自己的錯嗎？**

這個平實的神，到頭來就只是人性的弱點，雖然很合理，不過聽起來有點遜不是嗎？這個作品由宏大的神秘奇幻故事，變成一個批判人類的社會寓言，還真不怎麼好。這解釋了整個故事的一切發展，再也沒有了神秘感，畢竟這意味著，以後一切發生的事情，並沒有甚麼神秘的理由，或不可抗力的未知力量，反而單純就是「人力」，所謂神力、魔力到頭來也只是人類自身的意志。超自然力量只是人類意志另一種延伸而已。

所以作者在要求下，這一話在單行本被河蟹了，因為他不慎把自己真意的世界觀全部寫了出來，破壞了讀者日後的想像空間，變成逐出官方設定的異端邪說，即使是作者親自寫出來的也未能收錄於單行本之中。

Battle 35

一旦科技與夢想都能夠實現，世界大同就此不遠了嗎？

——銃夢 LAST ORDER

#賽博龐克 #人體改造 #仿生科技 #無解難題

新冠肺炎爆發之後各國無不積極開發疫苗，疫苗這玩意，在今天早已習以為常。但是如果你告訴一個千年前的人，未來人類為了追求健康與長壽，在身體內用針注入眼睛看不到的細小生物？他應該會覺得是蠱術。同樣地，如果我們的文明科技能再發展個一千年，屆時我們看的人類身體，可能也是如此的匪夷所思，而這正是《銃夢》要描述的遙遠未來。

那是一個失去了身體任何部分，都可以修補的時代。四肢、眼睛、器官，甚至整個身體，都可以替換成具備相同效能的機械，而且性能比你原生的更好。你不想變成一個機械人？也可以把奈米機械注入你的循環系統，不斷修補你的基因使你不會生病和老化。

身體可以修補、老化可以逆轉，幾百年的壽命成了常態。但就像從人類發明了建築至今幾千年，但都還未能讓每個人能擁有屬於一間自己的房間，活在科技能令人長壽不老的時代，分不到社會資源的窮人還是面臨生老病死。

而且人類長壽了，人口爆炸問題就更嚴重，政府直接將生育變成非法，不准再增加人口。看似偏激，但本質跟今天中國的計劃生育並無分別，就如同「計生辦」會強制把孕婦的胎兒打掉。而在《銃夢》的世界裡，這些非法增加的兒童也沒有被當成人類看，會被處理掉。殘忍？偏偏這就是依法辦事。

現實的計劃生育有人會支持，因為認為人口爆炸會引致長遠問題，也有人覺得反感。大家同處一個社會，當各人的觀點不同就會產生衝突，自然就會有政爭和戰爭，而用上了未來的高科技，殺戮就變得更有效率和更殘忍。

況且，一堆幾百歲的人主導了整個文明，即使外表青春，但心依舊衰老，結果整個人類文明也變得停滯不前。

《銃夢》的世界觀看似匪夷所思，可卻是最正統的科幻，如果你是個關注科技發展的人，就會發覺裡面的設定全都是有根據的。「銃夢」裡大部分的科技，都是我們今天努力在研發和實用化的東西，作者只是創作出一個全部成功實現的未來世界。

這樣人類就邁向理想的烏托邦嗎？如上述所介紹的，沒有。**我們追求發展，以為能解決一切問題，但這個故事卻描繪出一個世界，告訴即便不斷進步，有些問題還是無從解決。**「銃夢」裡每一個情節，每一個角色，都是在面對和對抗這樣的世界，即使看似跟我們如此不同，卻不妨礙我們產生共鳴，因為他們面對的問題，跟我們現在面對的，其實並沒有太大的分別。

人類有很多東西的發展，是一日千里的；但也有些東西，並沒有太大的改進。**有些學問，例如醫學和科學，自然比一千年前的醫學進步了很多。可是有些東西，卻沒有太大的變化，例如政治與社會，在幾千年前就有相關的學問和智慧，在各種沉重的教訓下，人類依然重複犯下相同的錯誤。**不論是國家、宗教、科技、共產主義，人類作過很多消除貧富差距和戰爭的嘗試，最終還是為我們帶來貧富差距和戰爭。

舊的問題解決了，人類就得面對新的問題。但不論新舊問題，終究是源自人性，科幻故事往往建構在一個科技極度發達的世界下，重新探討人類各方面的本質問題，《銃夢》無疑是當中的佼佼者。

也許哪天科技能發展到，連我們的人性也改造了，才能解決問題吧，但只怕去到這地步，我們還會留下一個問題：那就是我們還是人類嗎？

---

1 指中國的計畫生育辦公室，負責規劃與管控生育人口數量。

Battle 36

高談犧牲與付出前，請先搞清楚「弱勢族群」都是哪些人吧？

——去吧！稻中桌球社

#運動競技　#幻想破滅　#社會現況　#為民服務

《去吧！稻中桌球社》（行け！稻中卓球部，港譯為：去吧！稻中乒團）這部故事的主角們各個其貌不揚、矮小猥瑣，渾身都是缺點。如果比照的是《鐘樓怪人》故事公式的話，那他們的醜陋外表下應該有顆善良美麗的心吧？可惜這不是世界名著劇場，他們的內心也沒這麼善良美麗，而是平凡庸俗、行為卑鄙、貪財好色、不守信用、不講義氣、愚蠢容易受騙，貪慕虛榮而膽量如鼠。

更重要的是，喜歡看別人受苦和出醜，對於和他們一樣醜陋平凡的人也沒有同情心，一樣的鄙視。他們也沒有甘於平凡、安分守己，而是不斷的滋擾別人、搞破壞。他們自己很差勁，所以樂於看到別人比他們更差勁。

除了主角之外，也有同樣草根的角色，他們多數是弱勢社群。不論是流浪漢「香吉士」（港譯為：肯德基）、中年老師柴崎，或者是偷了乒乓球桌的附近長者們，他們都沒有被美化，都是那麼的下流，想的東西都是那麼的膚淺、不負責任，這些人沒反映甚麼人性美好的特質。

他們並不是甚麼邪惡的人，只是平庸；他們並不是沒有善良之意，但那一絲的善良總是敵不過人性的弱點。就像前野一樣，他是醜男，在故事裡曾交了個品性善良的醜女小菊當女朋友，他知道小菊很善良，可是長得很醜，所以不斷的說服自己，自己也是醜男，應該要接受這個善良的女孩……最後他終於受不了小菊的外貌，大肆的批評踐踏她，再怎樣勉強的大愛包容、再怎樣從道德層面上衍生的自責、再怎樣重複提醒自己的自知之明，都敵不過男性對樣貌膚淺的愛好。

這些人就像是底層，所謂的受壓迫者、窮人、屠狗輩、邊緣人、廣義的弱勢社群。我們的社會保障想要保障的人，改善生活的對象。他們的人生沒甚麼令人感動的地方，就像偷乒乓球桌的老人一樣，坦承自己根本就是虛度一生，沒累積甚麼智慧的糟老頭，卻還是厚著臉皮要求別人敬老尊賢，也許要留給他們一個博愛座。

也像「香吉士」一樣，明明是連自己都養不活的醜陋流浪漢卻生了孩子，把貧窮和貧賤以及醜陋的相貌，傳給下一代。在網路上天天有人抱怨窮人就不要生小孩，但作為前教師的我，很清楚這世界就是不負責任的人最會生，我們大部分人都是窮人，所以，我們大部分人的父母都是窮人，但人類社會就是這樣運作了這麼多年，未來也不會改變。

這些人猥瑣、醜陋、品格惡劣、不負責任、惹人反感……可是，他們就是草根、弱勢族群、大多數人。

他們是這個社會要照顧的人，是正義之士們要保護的弱小，是一個應該要投予愛與包容的對象。若想要社會更好，就是要提供這些人的工資，讓他們吃飽穿暖、組織家庭、生兒育女，給予他們作為人類的尊嚴與尊重。維護他們的人權，他們或許也不會感恩，他們take it for granted 地視為理所當然，他們濫用社會給他們的一切。當社會運動和政客們，說要爭取基層權益時，我們可以想像，就是在爭取這些人的權益。而我們追求的民主政治中，有不少的投票者也許就是這樣的人。

但是，那只是因為對大眾有不切實際的幻想。草根階層本來就如此，一直也如此，香港如此、臺灣如此、日本如此。如果你真的不能愛這樣的人，你最好對自己坦誠。每個說著要為基層打拼、謀福利的人，都應該看看《去吧！稻中桌球社》，然後想清楚，你就是為這樣的人犧牲你的時間、金錢，甚至自由，去爭取這種人的權利和選票。如果真的有想清楚這點，那就沒甚麼值不值得的問題。你會發覺，**民主與公平，從不是世人值不值得擁有，而是值不值得你爭取的問題。**

當把看太多無產階級描寫為純樸善良人們的作品看多了，有時就該看看這部作品清醒一下腦袋。

Battle 37

#教育最前線 #校園霸凌 #因材施教 #贖罪

知惡能改，善莫大焉，曾經犯下的過錯也不會煙消雲散

——麻辣教師 GTO

《麻辣教師 GTO》（GTO）這作品的中心思想，跟啟蒙運動時期的盧梭有點像，就是人類本性非惡，會變「惡」是源自環境與體驗。

在這故事裡，每個學生使壞，都是有其過去；每個教師使壞，都是有其家庭原因。因為自己受過傷，所以就會對其他人使壞。故此，在這作品常見的套路，就是先發現一個學生在任意使壞，不信任教師而找鬼塚麻煩，隨著劇情慢慢發現他的「黑暗過去」，最後再由主角鬼塚英吉收伏了他變回好孩子。

而當我看出這個公式時，通常進展到某一階段，我就會覺得很突兀，那就是學生的「黑暗過去」的部分。因為我每次都覺得，前面說得那麼誇張煽情，充滿苦衷而去加害別的學生，所揭開的惡行成因，往往卻不怎麼樣。

可能是被欺負、可能是被暴力對待、可能被冤枉、可能是被欺騙過，可能是被父母離

異或被冷落。要說上述這些是不好的回憶或體驗，確實沒錯。只是我想很多讀者看到的時候，都會有像我類似的反應，就是覺得自己的過去比他們過得還差，甚至差上不少，他們所經歷的事情，也並非的悲慘到哪裡，但他們發洩在別人身上的行為卻比常人要來得過分更多。

這作品裡的學生角色，總是因為覺得自己很悲慘，就去欺負一個人到進精神病院、對無辜的人施虐。把自己受的創傷放到最大，卻對於自己施加於別人的創傷完全無動於衷，完全不成比例。

之後鬼塚老師用他的理念和真誠理解這些學生，然後用各種古靈精怪的方法把他們收伏。故事到了尾聲，總是這些學生被開導了，沒那麼執著了，開始敞開心胸，不再害人了。但是，他們之前因為發洩而加害過的人怎樣呢？則好像消失了一樣，重生後的加害者會感謝鬼塚老師，但也只感謝鬼塚老師。至於其他被害者，例如那個被整到精神病的老師，直接被忘卻了。

鬼塚老師總是治療了學生的創傷，學生卻鮮有彌補自過去造成的傷害，而他們自己也很少想過要道歉和修補曾犯下的行為。我重看過之後，我感到自己對這作品不滿意的地方，是在於「自我中心」，不太關心自己以外的人，特別是自己加害過的對象、曾犯下的惡行，就單純隨風而逝，對別人的傷害，走出了視線之外。

惡的確源自環境與成長，也情有可原。但「原諒」之後，人還是得為自己所做之惡負責任，並不是改過了，事情就是圓滿的終點。如果捨棄或輕視這方面的責任，就很容易意外引致一個偏差的訊息：那就是「那是環境的錯，學生也是無辜的」。

不，只要他決定作惡，就不會是無辜的，**因為同樣的環境下，還是有人選擇作惡，有人拒絕。如果你只體諒前者，那就是對後者不公平。而令事情變得公平，那就是前者必須改過然後贖罪，**而這正是《GTO》這作品欠缺了的一塊。因為這些人沒有認真的贖罪，結果變成會哭的小孩有糖吃的故事，最無辜的受害者反而最被輕視了，這就是不公道、不正義。

這種因為加害者情有可原，結果終究忽視了被害者的態度，在現實社會中不也是習以為常嗎？

大家會非議鬼塚老師行為古怪，以暴易暴。但剝開那不良少年的設定，我反而在他身上，找到了我很多現實教育工作者的影子。還記得教育文憑教我要體諒學生，認為他們的行為都是「情緒問題」，結果我看到現實很多教師也是這樣做，對於循規蹈矩的人或者受害者，卻總是有意無意被忽視了，這是我在教育現場常看到的事情。我不喜歡這作品的地方，不是因為鬼塚英吉標新立異，而是因為他犯了和很多教師相同的錯誤。

因此，身為讀者，我喜歡看這部作品；但身為教師，我卻無法喜歡這部作品。

Battle 38

人人都在算計著別人，也正在被人算計著

#三國群英　#水鏡八奇　#不下呂布　#計中計中計

——火鳳燎原

以改編、翻案三國為藍本的知名漫畫《火鳳燎原》，長期觀察劇情的公式似乎就是計中計中計中計……裡頭有名有姓的高人（當然，他們本來就是三國名將），都有種近乎病態的嗜好——喜歡部署長遠的計策，讓別人按著他們的部署走，從而收到預期效果。每個名將軍師都有上萬人加起來都不及的才智，他們看似視操控民心為一場證明自己思路高操的遊戲。這乍聽起來很病態不是嗎？

或許吧，但仔細想想的話，要是《火鳳燎原》成功戲劇化的話，將那些現實世界看似很正常合理的事套入其中，其實會發現一點也不病態。

會這樣說的原因是，**這世界上每一件事，本來就都有人在謀算、計劃著。哪怕是上班經商賺錢，誰不是在長遠計劃，讓別人按著他們的部署走，並為自己的計劃成功而感到自豪呢？**當你吃下麥克雞塊的那一刻，已經中了麥當勞幾十年的陰謀了。他們也收到了預期的效果，你被操控了，他們想要你吃下麥克雞塊，而你真的吃了。兄弟，在你吃下的一刻，你就中計了。

如果有人跑進麥當勞大叫：「不要上當！你們吃麥當勞，只是在滿足那個有名有姓的高人（麥當勞叔叔？）。我們必須識破麥當勞的陰謀，跟他鬥智！吃麥當勞是有勇無謀！不能讓他的奸計得逞！」你會覺得他是神經病吧？對，這其實是很平常的東西。

你成為別人部署的一部分，本來就是理所當然的事情，人類文明全部都是由前人的部署建成的。我們的生活沒辦法避免活在別人的部署裡，但是，也沒有任何一個人，完全活在別人的部署裡。所謂計中計中計，只是因為在每人部署別人時，自己同時也是別人部署中的一部分。所以你的計劃我會想到；我的計劃你也會想到。「計中計」看起來很神奇，但正是最現實的情況。

只是現實中做這種事情的人，不一定是能夠說出書裡「城下一聚」這種名台詞的俊男美女，而是一群不起眼的大叔大嬸。你不用想像自己，走進甚麼有病態嗜好、面容扭曲的高人的部署裡。只要你有做點實事或從商，你會接受自己在別人的部署裡。而你的工作，也在部署別人。

《火鳳燎原》寫出的東西，出奇的只是我們平凡的日常生活而已。正如它的故事一樣，雖然每人都被人部署，但每人也有權部署別人。**你只要好好部署你自己的計劃，實行之後得到你想要的東西，在別人的計劃中又何妨？真的與人鬥智，需要的並不是用陰謀論看待任何事，而是能清楚說出自己的計劃，並付諸實行，樂於變化、時刻檢討。**

大叫「看穿了這世上所有部署」，然後好像不在別人的部署內，只因為自己沒部署別人的話，不會顯得你更有智慧的。現實世界的確是鬥智，但在一個鬥智的世界裡，不斷叫大家「不要中計！」的角色，表現的並不是智慧，而是任人操弄而無法抵抗的恐懼而已。再看《火鳳燎原》，裡面的軍師謀士，他們展現智慧的方式，是作大膽有效的部署，然後成功得利，對吧？

現實中的我們也是一樣，如果真的覺得這世界靠的是智取，那麼努力的讓自己去實踐更大的盤算就可以了。這可一點也不病態，只是很稀鬆平常的事情而已。認真去實行的話，你也能變成那些人口中的高人，雖然這不會令你變成像書中的呂布或者燎原火那麼帥就是了。

Battle 39

攻擊靠的是計劃、防守靠的是果斷

#美式足球 #團體戰 #攻防轉換 #適材適用

——光速蒙面俠21

《光速蒙面俠21》（アイシールド21，港譯為：衝鋒21）是部體育漫畫，主題是美式足球，一種在美國相當受歡迎，但對亞洲地區來說卻非常冷門的運動。

有一點必須先強調，《光速蒙面俠21》並不是單純將老哽的體育作品套路換上另一個題材。它不是美式足球版的《TOUCH 鄰家女孩》；不是美式足球版的《足球小將翼》；也不是美式足球版的《網球王子》。刻板印象中的美式足球，只是粗野的撞來撞去，但《光速蒙面俠21》卻呈現出美式足球智性的一面，不斷地震憾讀者的成見與印象。

例如，我們印象中美式足球員都是大塊頭，可是主角卻是個瘦弱的小不點，因為作者很早就想強調一件事，那就是美式足球是種團隊的運動，比起智勇雙全的天才，它更需要只會一項專長的凡人，找到適合自己的崗位互相合作。

在故事裡所描述的美式足球，其實是一種「團隊格鬥技」，是將自古以來人類以團隊對團隊的冷兵器戰爭，變成一種徒手和穿著護甲以降低傷害的運動。故事裡除了球技與體能外，戰術、計劃與指揮在美式足球中佔有很大的比重。

這也不僅是對這運動本身的偏見，美式足球的智慧可是超越了體育本身。你若隨便抓個路人問，哪種人比較適合參與主動的攻擊行為？誰適合後勤防守？恐怕多數人都會認為激進的人適合攻擊；溫和的人適合防守吧？畢竟很多人把防守與溫和，攻擊與激進劃上了等號，這種刻板印象是很常見的。

《光速蒙面俠21》卻以美式足球為實例告訴你，**主動發起的攻擊行為需要的是計劃，所以適合那些願意忠實執行計劃的人，多是老實乖乖牌，因為他們不會太受外在的變化影響而把事情堅持到底。**若讓激進的人去攻擊，他們會因為自己自作主張偏離計劃而失敗。

而被動的防守，需要對別人的計劃作果斷反應，反而適合那些積極，富有攻擊性，有自我主張的人，因為他們會主動擊破對方的計劃。要是讓溫和的人做後勤與防守，他們因為消極，根本不會主動迎上對方的攻擊，反應也遲鈍，更無心破壞對方的計劃，而發揮不了防守的效果。

看了這部作品，就算你沒機會玩美式足球，也會察覺這些智慧可不是只能用於美式足球。當我們沒甚麼機會接觸這類運動時，也難以從書本中習得這種智慧，這可能就是我們的弱點。看完你會挺羨慕美國人的，這些機會不是屬於我們的，美式足球可是很能培養智慧與見識的運動。

其實宏觀一點看，美國流行的團體運動，都很有軍事色彩的影子。除了令大家學會戰術和擁有盔甲的美式足球外，有沒有留意到棒球的投球，本身就是讓人練習擲彈？而球棒設計來打擊細小目標，本身就是雖然其貌不揚卻攻擊力強大的武器。美國這個把盔甲和武器的使用變成體育；將戰術指揮當成遊戲的國家，它的善戰與強大可是老早就深植於日常生活裡了。

Battle 40

擴張到極限的權力與失控的法律成了最恐怖的惡行

——死亡筆記本

#替天行道　#兵不血刃　#權力膨脹　#失控的正義

一個富有正義感的十來歲高中生，在機緣巧合之下遇到了一隻奇異的生物，得到了足以制裁壞人的神奇力量。他不僅沒有用來謀求私利，反而打算用這個力量令世界變成更好、更有秩序、更守法的地方。在過程中贏得了美少女的歡心，也遇上了和他惺惺相惜的宿敵。

觀察以上的劇情描述，是不是很像《哆啦A夢》或者《魔法少女》？《死亡筆記》（DEATH NOTE）也是這樣的作品。

主角夜神月拿到了這個可以輕易殺死任何人，而且不用負責的法寶之後，就變成了擁有了執法權力的警察。死亡筆記就是他的槍，他可以隨意對任何人開槍。他實現了很多執法人員的夢想：可以隨意對違法者開槍而且不用負責任。

他倒不是一開始就認為自己有權決定誰是誰非，真的當自己是神。作品初期的時候，他明顯是依循社會價值的，和一般的警察沒兩樣，他並不自己審判，而是交給法院去審判。

他殺的人就是法院判決有罪，誰是最惡名昭彰的犯人，他就直接殺掉這些人。你可以把他看成是一個越權的超級警察，體制判誰有罪，他就對付誰。

值得留意的是 Netflix 版的《死亡筆記》，他很堅持要確認自己殺的人是罪犯，所以是認真的想要維持「正義」與秩序。他明顯有原則，而不是隨喜好去亂殺人。

可是法律沒有授予夜神月殺人的權力，當他以執法的名義去殺人時，本身就已經成為犯罪者。更不要說他拿著強大的殺人武器，哪天他自己犯罪時，又有誰能牽制他？結果愈鬧愈大，政府獨立調查委員會去對付他，過去參與政府執法的夜神月慘變棄子。

如果依據過往的做法，這些人不是罪犯，夜神月無權殺死他們。可是他們卻會威脅夜神月。在「保護自己」的想法日漸滋長下，夜神月開始追求司法的權力。他認為自己是在維持治安，覺得這些人妨礙公務，於是自己當起了法官，判了那些人死刑，就可以執法了。

事實上，當一個人能任意解釋法律時，他已經不僅是法官了，而是立法者。人類之所以要立法，就是立給其他人看的，法律是建基於其他人的客觀理解上，社會才有法可依。掌握了「怎樣的行為才是犯罪」的權力，就是有了立法權。就像有些執法人員夢想連侮辱自己也是犯罪，創造一個「我說犯罪就犯罪」的社會一樣，而夜神月終究也做出了相同的事。

從一個謙虛的執法者，為了配合實現他的正義，竊據司法權與立法權。當三權合一之後，他就是一個獨裁者，而成功的把世界變成一個巨大的警察國家。

無意中將自己化身為「執法者」的他，工作做久了，視野變得狹窄，心態上就變得和一個前線人員沒兩樣。**滿腦只想著要不斷擴充自己的權力，卻意識不到當權力擴張到極限本身就是最大的罪惡，失控的法律就是社會上最大的犯罪。**

最後你會發覺，夜神月表面看似聰明過人，實則平庸。因為他的心態，與一個不明白自己為何權力要被牽制的自大執法者是沒有任何分別的。

Battle 41

時空背景不同，欲望與幸福感也天差地遠

#時空背景不同 #吃牢飯 #激推美食 #小確幸

——極道美食王

《極道美食王》（極道めし）這部作品的名稱還滿容易令人產生誤解的，畢竟「極道」會讓人聯想起黑社會，而推測應該是部講黑社會美食的故事吧？可是實際上，它卻是一個關於囚犯的故事。本作幾乎所有場景，都是發生在監獄裡，大部分的角色，都是有前科的囚犯。

這些囚犯，日復一天過著沒自由被規範勞動的生活，吃著監獄裡單調乏味的食物。可是偶然還是會有點驚喜的，那就是逢年過節時，餐點會比平常豐盛些。因此囚犯們便想出一個小遊戲，來互相講述美食的故事，而說得最動聽的人可以在別人的餐點裡取走一項菜色。

聽起來有點無聊？但保證看下去卻不無聊。事實上這作品是部群像劇，由每個囚犯人生的故事組成，往往帶有社會底層們成長和人生的感傷，反映人生百態，也反映日本這看似富裕的社會，底層卻有其各自的不幸。而他們所描述的美食，也並不是甚麼難得一見的食物，或者創新的料理。反而是一些沒甚麼了不起的東西，比方說鳳梨罐頭、荷包蛋，甚至只是一鍋泡麵。

別說甚麼美食，這些根本就是平凡的食物，可是在囚犯們的故事裡，卻變成能勾起大家的食慾的美食，這並不是因為那些食物很特別，反而是因為這些囚犯的故事，總是在形容他們的處境貧乏。

比方說，在寒冬當中，剛剛從外面回家，家裡也沒錢裝暖氣，這時候，你卻有一鍋剛燒開水，熱騰騰的泡麵，上面還打上了一顆蛋。你可以想像到，當你冰凍的手靠近那鍋子撥起麵時的感動。又或者當你在山上逃亡一整天，拖著極疲勞的身軀，身體也差不多因為饑餓而快暈倒時，一碗淋了醬油的白飯，就會變成甜美的救贖。

這些東西，就只是平凡的食物，但當你聽到他們的故事，代入他們的處境時，同樣的東西卻會變成美食。美食之所以是美食，不是因為它有特別之處，而是因為在那個時空背景下，你有著對它的慾望。就像故事裡的囚犯一樣，當故事好到能代入自我時，慾望也會產生，而變得食指大動，連牢飯也會變得好吃。

這樣，你就能理解，為何老人也常常對年輕人說，你們現在不用打仗、有飯吃、有衣服穿，應該很幸福才是，但我們並不覺得的原因。甚至我們面對過去的自己也一樣，明明小時候，吃麥當勞是一種幸福，但今天卻覺得寒酸。

其實我們已經能察覺，那些東西不是不好，只是當我們接觸太多、擁有太多時，我們就會失去追求它們的慾望，也無法從得到它們而感到幸福。麥當勞不是不好吃，只是對現在的我們而言，太理所當然。

就像故事裡有位角色，刻意不斷犯小罪坐牢，就只是為了說故事給別人聽。因為他發覺，在富裕的社會裡，只有被強制貧乏的囚徒，能引起他們的微小慾望，並讓他們得到幸福。同樣的故事他說給外面的人聽，卻引不起他們的慾望，也產生不了甚麼幸福。

你不曾渴望的東西，給你也沒有價值。

一個幸福的人生，並不是一開始甚麼都有。相反的，最幸福的人生，是一開始甚麼都沒有，在貧乏中對所有東西都有慾望，而在生命當中一個個爭取，突破困難，最終也全部變得滿足。這樣看的話，贏在起跑線，一開始就有車子房子的小孩，反而對於他擁有的東西毫無感覺。不如等他有了渴求，再協助他，讓他憑籍自己的手，得到自己想要的東西，才是真正的能帶來快樂。

甚至這觀點也不僅適用於個人的人生，甚至自尊、民主、自由、正義，也是沒有分別。

任何你太輕易得到的東西，人類都會感到麻木，而不會珍惜。用這觀點去解釋我們很多社會現象，看來也說得通了。

Battle 42

戴著假面具看待世界，將因偏見而錯失真相

#大學生活　#社團活動　#反差感　#突破盲點

——碧藍之海

我們都知道以貌取人，失之子羽，但是絕對是知易行難。這個圍繞人類文明無法擺脫的天性問題，長期以來都是創作的題材，例如《鐘樓怪人》，還有近代夢工廠的《史瑞克》，都是期許青少年能理解，用外貌去論斷人並不可靠。不過通常這種作品，為了強調這個觀念，往往走向善惡對抗的套路。也就是以醜陋的英雄、好人，對照英俊漂亮的反派與壞人。

不過，現實並沒有那麼明顯的黑白善惡，大部分長得不好看的人，也不是《鐘樓怪人》般是有偉大情操的英雄。而英俊的人也很少真的是大奸大惡。而現實中，莫以貌取人，更多情況是與善惡無關。而是對人本質的誤判，例如街邊穿得很隨便的中年大叔，竟然是身價上億的企業家；穿得像西裝筆挺的成功人士，卻可以是個連電腦都不會用的老古板。

《碧藍之海》（ぐらんぶる，Grand Blue）正是這樣的作品，這作品也是不可貌相的類型，乍看會以為這是以潛水運動為主題的作品。要不然，也是覺得應該以大學生打鬧生活

為題的作品。但是實際上，是一個把「人不可貌相」這個主題發揮到極限的作品。

這作品看似胡鬧，但是借助主角在大學修讀理工系，在故事情節裡不斷滲透著的科學與工科知識。如果你也有相關的知識，會發覺作者應該是有一定根底的。

《碧藍之海》故事非常簡單，就是一位大學新鮮人，接觸了潛水後慢慢愛上這項運動，不斷認識新的朋友和發生各種趣事。在這樣的主軸下，角色設定卻是貫徹始終一個原則，就是「外表與內在剛好相反」。當中每一位角色，都是只要你從外表去論斷就一定會錯誤的人。

主角入學第一個認識的朋友，是位高大英俊的型男，可是卻是個喜歡魔法少女的狂熱者；看似溫柔可靠的堂姐，隱藏著危險的意圖和頗為病態的情意；穿著傳統服裝，生活簡樸，還保有著寫信這種傳統習慣，裝得很乖而且不諳現代科技的妹妹，竟是3C科技達人；打扮得濃妝艷抹的少女，卻是非常純樸的農家女孩。

作者非常刻意的遵從這原則，幾乎所有角色皆是如此，無一例外。**所謂戴著假面具做人，或者是知人知面不知心，與其說是先天外表的美醜，更多是偏見。**

可是差異並不是只有表象而已，故事細節則是以言語溝通間的誤解，作為骨幹。角色與角色之間的對白，聽的人意會出來的意思，永遠與說的人相差千里，引發了很多笑話。

作者在這方面的執念和功力，絕不能小看。主角則更是聚集同類型作品題材的刻板印象於一身，不論是經常無故裸體，以及不經意的對白，都是鼓勵人展現本性，造型看似最平凡的主角，實際上正是非常不凡的人。

而這作品總是勾起你的偏見，先建構一個很典型的模板之後，卻給你一個內在完全相反的角色，做著一些你怎麼看都不是這樣外表的人會做的事情。當讀者投入了這作者虛擬出來的這個世界後，也會漸漸習慣一件事，就是不再用外表看人。換句話說，這其實是一個頗為文以載道的作品，而這內涵相信只聞其名，卻未看過這部作品的讀者也一定沒想到吧。

STAGE

IV

動畫廢棄實驗所

Battle 43

勝者為王，無處可逃，拒不參戰的結局就只能任人宰割

#種族滅絕　#進化論　#生存的本能　#戰鬥狂人

——蓋特機器人

在遠古的地球，恐龍已經進化成爬蟲人類，卻因為一場天災而沉睡於地底，醒來後見地球被哺乳類所佔據，所以要收回自己祖先自古以來神聖不可分割的領土，對人類發動戰爭。後來《蓋特機器人》（ゲッターロボ，港譯為：三一萬能俠）擊敗了爬蟲人類後，又要面對新的敵人。

一定有人會好奇，為何他們不能停一停、想一想，考慮和平共處，非得選擇互相殘殺，全盤皆輸？那是因為在《蓋特機器人》的故事裡，人類、外星人和爬蟲人類，需要的生存環境都不一樣。

他們都希望把地球改造成適合自己生存的環境，所以你的生存就是在妨礙其他物種的生存。空間與資源是有限的，地球只有一個，大氣層和海洋都只有一個。**只有勝利者才能生存，戰敗者或者不抵抗的人都只會消失，你就算採取和平理性非暴力，堅持躲著不參戰，**

當生存資源被掠奪之後，下場也只有死路一條。

《蓋特機器人》並不僅是人類與侵略者的正邪之戰，而是種族與種族之間你死我亡的「生存戰爭」。這兩者的分別是甚麼？正邪之戰中，只要邪惡一方收手，就可以得到和平；生存戰爭是否和平，輪不到參與者選擇，戰爭只是大自然定律。

最終人類只能承認，根本沒有任何文明手段或者人道的方法去打一場生存戰爭，也不可能感化敵人，人類得從怪物的手上保護自己，就必須成為比怪物更強的東西：比怪物更強的人類，也就是《蓋特機器人》的主角群們。

《蓋特機器人》的主角們是甚麼樣的人？簡單來說，就是瘋子。一個是對於上門踢館、破壞與戰鬥之外的事情一概沒有興趣的空手道狂人，在後續的故事更成為了坐牢的殺人犯；另一個則是在參與社會運動時，冷血的屠殺警察和徒手把同伴毀容的恐怖分子。都是一些完全無視文明，受野蠻本能驅使的社會異類。禮教、人道與道德對他們來說毫無價值。

但這些無情暴力的反社會分子，卻有比常人更強的生存意志、鬥心以及戰意。他們最後比誰都適合參與這場戰爭，並不單單是肉體較強壯或頭腦較聰明，而是有著不惜一切盡量生存下去的無恥，也有不惜同歸於盡也要摧毀敵人的心。

人類為了贏過怪物，最終選擇成為了比怪物更強的怪物，恐龍帝國與外星人鄙視那些不反抗、溫順的普通人，卻恐懼進化成怪物後的頑強人類。人類最終成為生存者與勝利者，不是因為道德、科技上的優越，而是在物競天擇下，人類被認證為生存意志最強烈的最強物種。在後期的故事裡，你會隱約看到結局：人類生存下來並勝利了，成為被全宇宙恐懼的最恐怖怪物。

你覺得這看起來像是小孩子看的動畫片嗎？翻開熱血機械人的外表，裡面的理念可能正是我們最害怕的現實，**也就是「生存是一種極度殘酷赤裸的鬥爭」，鬥爭並不是一種選擇而是一種必然。**

可是，這或許才是最適合小孩看的東西。如果這就是日後得面對的現實，他們最好盡早理解這一點。

Battle
44

血緣關係和養育之恩出現衝突時該如何抉擇？

#生的放一邊　#養的大過天　#新住民　#大義滅親

——雷霆王

經典機械人動畫《雷霆王》（六神合体ゴッドマーズ，港譯：六神合體）的主角李佩華（港譯：李大龍）在故事開始時是位十七歲的人生勝利組。出生於文明社會、青年才俊，而且父親是大學教授，家境富裕，年紀輕輕就有份好工作，還當上了太空人，這樣的人生聽起來很完美吧？直至在某次執行任務的時候，他的腦海突然出現了一個幻影，幻影聲稱自己是他的親生父親。

這個聲稱是他父親的幻影，自稱族魯帝王（港譯：獨龍皇帝），是一個宇宙強國的統治者，這個所謂血濃於水的親生父親，竟然說兒子不是地球人。

半信半疑的李佩華回家質疑自己老爸老媽，一問之下，竟然發覺自己真的是「路上撿回來的」。雖然不知道養父母到底怎樣瞞過醫院婦產科得到出生證明。但李佩華發覺原來自己不是中產後代，反而是個父母都不是本地人的「[1]**雙非嬰兒**」。根據「你的祖先是

××人，所以你就是××人」的邏輯，親生父母都是外星人的李佩華，自然就是一個堂堂正正的外星人。

而李佩華所擁有超能力，可以操控是否要引爆外星人埋藏在地球上的炸彈。而祖國的領導人族魯帝王正在下一盤很大的棋，管理廣大疆土。日理萬機的他，認為地球人對維持政權和國家完整性是個威脅，為了國家安全，他下令李佩華主動引爆炸彈，將地球炸個稀巴爛。

可是李佩華自小就在地球成長，所有的生活記憶都在地球，早已認為自己是地球人。**對於那個聲稱是自己祖先住的所謂祖國，一點感情和記憶也沒有，現在自己腳下的土地才是自己長成長的地方，於是地球和所謂的祖國兩者之間便出現了衝突和抉擇。**故此，李佩華毫不猶疑地選擇站在生長的土地這邊，而非血緣那一邊，拒絕接受命令。

對於族魯帝王而言，這種行為當然是數典忘祖。明明祖國那麼地強大和先進，不以身為一個外星人為榮，竟然為了地球這樣貧窮落後弱小的彈丸之地，違抗強大的祖國。憤怒的族魯帝王面對這種不識趣的廢青，決定殺無赦。因為只要李佩華死了，那個炸彈一樣會爆炸，地球那些刁民一樣要死光光。之後整個故事，就是他老爸打算怎樣收拾這個逆子，順便炸爆地球。

想想這個故事發生在一九九九年，而當時的李佩華年約十幾歲，那麼他應該是八十年代初期出生的，也就是說他是個八十後廢青。如果活到今天的話應該都是「三十好幾了」的大叔了。怪不得對於所謂的「祖國」沒有感情，就連親生父母是外星人也說服不了他。

不過話說又回來，一九九九年都過了那麼多年了，先不講遇到外星人的事情，為何人類還沒探索太陽系外？地球防衛軍都沒成立？記得八十年代時，大家都覺得未來世界人類已經在探索太空了，可見這些創作的世界都太理想化了。要是佩華真的存在，有機會得到強國大大的賞識回去做大官，比起站起來反抗，更有可能是出賣自己的家園，討好獨龍皇帝做大官，反正地球這麼弱小也打不贏獨龍皇帝嘛？

只是那麼一來，地球的命運肯定在第一集就玩完，這故事也不用演下去了。

1 父母皆未持有該國國籍的國民。香港多指父母非香港人（中國人為大宗），卻藉旅遊名義來香港生產以取得永久居留權與使用香港的社福資源，也曾引發的不少社會爭議。

Battle 45

何以一朝得志總變成語無倫次？沒有野心真是種美德嗎？

#高端科技 #低端生活 #巨嬰症 #心靈成長

——阿基拉

在動漫作品中通常弱者能變強有兩種主流路線，一種是努力苦練，穩紮穩打，那些講格鬥或者體育的作品多數都是此類；另一種是一朝得志，語無倫次，《阿基拉》（AKIRA）就屬這類。

主角之一的鐵雄是個長期被人瞧不起的弱者，因為在這場二〇一九年的大動亂中，抗爭者對抗政府導致的連鎖失誤下，他機緣巧合成為了受益者，突然得到了超能力，力量暴增、鹹魚翻身，結果變成了自大狂。也因為鐵雄突然變得強大，所以一堆跟他同病相憐的弱者，就以為鐵雄是救世主而跟隨他，將他變得更加狂妄，以為自己神聖不可侵犯，犯我天威者雖遠必誅，最終被輕易得到的力量反噬，毀了城市、毀了自己、也毀了跟隨者。

《阿基拉》中鐵雄的人設基本上就是《哆啦A夢》裡的大雄。大雄是個看起來弱小善良，沒有野心的弱者，每每得到了來自未來的道具後，就開始濫用，到處闖禍甚至壓迫他人，最後卻自食其果。看，兩者是否很相像？而兩個角色相似的本質，會是巧合嗎？不是，因為他們都反映了東方社會的真正精神面貌。我們的教育從不鼓勵我們主動去掌握權力，勇敢地去改變任何事，接受改變與成長。反而鼓勵我們安分守己、安於現狀。也就是所謂的沒有執政意志、沒有野心。鐵雄和大雄，都是沒有野心的人。

野心聽起來是壞東西。我們總以為，沒甚麼野心，安分守己是一件好事，某程度上也是正確的。一個人沒有野心的話，自然不會想要太多東西，看起來就會人畜無害。這樣的思想，造就了很多像鐵雄或者大雄這樣的人，雖然一輩子沒甚麼成就，但也沒想過要有甚麼成就，看起來沒甚麼問題。

沒有野心，使他們從未期待獲得力量，所以他們也沒思考過力量的價值，以及怎樣才能好好運用自己的力量，結果就承受不了任何突如其來的成功。只因為當弱者時不必負責任，但成為強者後卻必須負責，**當他們抱持著弱者的心態卻獲得強者的力量時，就會變成一個不負責任的強者，就如同兒童拿著手槍亂射沒甚麼分別。**

當你理解這點後，就能明白為何有些人突然中了樂透反而破產、繼承遺產反而流落街頭、有機會當立法會主席反而自己放棄。只因為他們長期自居弱者，無心變強，對於成功毫無準備。一旦時來運到時，不僅沒有受惠，反而被運氣害死。

沒有野心的人，根本就從沒為得志準備過，不慎得志後，當然想不到下一步該怎樣做。當你也搞不清楚自己下一步該做甚麼時，自然是語無倫次了。

Battle 46

決定用愛感化敵人前，先看看自己拳頭夠不夠硬

#宇宙戰爭　#化干戈為玉帛　#銀河歌姬　#愛，還記得嗎？

——超時空要塞

還記得之前的一部好萊塢電影《敦克爾克大行動》，很多人用這電影和讚揚撤退、後退、無法力敵、逃走之類的行為，然後就說撤退就會邁向勝利之類。總之只看著兩點，第一，英國人有撤退，第二，英國人最後贏了侵略的納粹。行動上有撤退過，結果上有贏，足夠了。

這令我想起以前有個作品，叫作《超時空要塞》（超時空要塞マクロス），這個作品完全合乎了兩個條件。第一，主角陣營很喜歡唱歌，第二，地球人最後贏了使用武力的外星人。

故事是這樣的，在二〇〇九年，人類將一艘外星墜毀的戰艦改裝成豪華宇宙遊艇「馬克羅斯」，在裡面建造了一個小城市，正想用來探索外太空的時候，外星人突然殺到，觸發了戰艦裡面的程式開了砲射擊了外星人，激怒了對方之後地球人就和他們開戰。

最後發覺外星人原來和人類都是由同一群祖先培養出來的，可謂同文同種、血濃於水。

但相比起人類自由自在的發展文化，外星人則因為長期戰爭狀態，雖然軍力強大科技先進，但失去文化變得野蠻，淪為只懂使用暴力解決問題。

在戰爭中，大家發現了一件事：當外星人有機會接觸到地球文化時，會慢慢受到地球人文化感召和動搖。特別是會被歌曲和音樂吸引。最終即使外星人的武力和科技較佔優勢，人類卻憑著知名歌手林明美的歌喉，感化了大量外星人叛逃投靠地球方，使地球人贏得了這場戰爭的勝利，和外星人大和解，大家的社會融合，一起攜手走向未來。

可能有人看完以上劇情，就直接得出唱歌就可以感化敵人，擊敗暴力的結論，然後興奮到想立即演奏上街大合唱〈Do You Hear the People Sing〉吧？壞人們因為受道德感召而分裂，再自己打成一團，最終好人勝利，是一種非常理想化的劇情。在現實中，我們也很希望這樣的事情發生。就是和平、理性、非暴力，靠道德感召就令敵人自己分裂，最終取得勝利。

可是，林明美之所以可以靠唱歌感化外星人，是因為馬克羅斯沒有被外星人打爆。而這靠的是甚麼？就是超時空要塞的地球統合軍，雖然他們的戰鬥力和數量都遠低於外星人，但沒有他們一直以來的反抗的話，超時空要塞早就被打爆了吧？

有趣的點在於。在現實中，有些人相信道德感召可以戰勝暴力，或者甚麼筆勝於劍之類，他們就會拿著這個信念，對大家說：「我們應該以和平的方式去解決問題。」所以全部人必須放棄使用武力，若人使用武力，必須禁制，至於有人主張使用武力，則是極惡言論，甚至必須群起批鬥。

但諷刺的是，在應該比現實理想化的動畫中，還要是一個真的靠唱歌就可以策反外星人的動畫中，地球人可是完全沒有放棄過武力，更不會以「激怒外星人」或「外星士兵都是受人指使」為理由，制止以武力反擊的行為。地球人就算能夠使用和平手段去得到勝利，**可是和平手段要成功，背後還是先有武力條件支撐的，甚至道德感召最後策反了外星人，實際上的效果，也是使自己一方得到充足的武力，去對抗壓迫者的暴力。**

當在能用唱歌感召暴力的動畫裡，人們還是會明白只靠歌聲是不夠的，**你要先有反抗和意志和能力，你才有資格使用和平手段，到時你再去唱歌可能有效也說不定。**但如果你因為堅信和平，不只自己還強迫別人放棄反抗能力純唱歌，只怕連動畫片裡的角色都會覺得你太天真了吧。

Battle 47

迫使你成長的並非歲月年齡，而是難關與歷練

——霹靂貓

#亡國難民　#星際漂流　#法老詛咒　#成為更好的大人

《霹靂貓》（Thundercats，港譯為：虎威戰士）這部動畫講述在異星有一個外星文明，上面住著由貓科動物進化而成的外星人，他們世世代代都活在自己的故鄉。直至有一天，他們發現了一個難受的事實：那就是故鄉即將滅亡。逼不得已之下，他們唯有離開自己的星球。

歷經千辛萬苦抵達目的地時，十三歲的主角獅貓（Lion-O，港譯為：李安奴）從冬眠中醒過來，卻赫然發現自己變成成年人。這是因為冬眠裝置故障，使他在航程中老化了。而且，禍不單行，他們還失去了原先的領袖。最終這個擁有大人身體、小孩子腦袋的主角被迫成為領袖，帶領幾位生還者，一起在異鄉生存下去。

當然，這個故事還是安排了一個木乃伊（Mumm-Ra）當反派，讓小孩子投入正邪大戰的套路，吸引他們繼續看下去。不過其真正題材，卻是一個少年怎樣處理流落異鄉的各種

問題。從一開始在新家園建立居所，到尋找生存資源、與當地人相處及處理內部糾紛等，他都需要在內外交困之下轉危為安。

雖然主角於開場中猶如一頭猛獅，也很有天賦，但他的內心不過是一個小朋友。故事亦不斷展現他不成熟和幼稚的一面，他因為欠缺經驗而經常犯錯闖禍，又濫情任性，甚至不太負責任。偏偏他的大敵木乃伊就愛倚老賣老。與一般兒童卡通片中純霸道的反派不同，他有著易容的能力。

所以他經常裝成弱者，假扮成他們的朋友，藉以靠近霹靂貓們，利用他們的同情心與正義感。這個安排頗具玩味，因為木乃伊的人設，正好是一個理想主義幼稚少年領袖的剋星。霹靂貓們多次因此而陷入危機，當然，這是給兒童看的卡通片，最後都是轉危為安的。

而隨著故事的發展，主角歷經不斷中計後，慢慢地變得穩重、遠慮而有擔當。雖然時間沒有過去多少，肉體也沒怎樣成長，但他會在同情別人之前先保持懷疑，也漸漸不受衝動控制，會去理解事情的界線，而非過度冒進。他的心靈及腦袋逐漸與外表變得匹配，成為一個貨真價實的領袖。

成長與年齡無關，令主角變成大人的不是年月，而是各種艱難的歷練，以及從反派設下的各種陰謀陷阱中得到的磨練與教訓。就像現實一樣，多少人虛度了幾十年的歲月，即使已屆中年，處世視野仍然幼稚淺薄，只因為他們被保護得太好，一直養尊處優；但也有從小就受過不少苦難的人，才二十歲出頭，便已經非常老練。

一部於八〇年代在《[1] 430穿梭機》中播放、目標閱聽眾理應是兒童的動畫片，劇情竟是如此，不知道當年看的孩子有甚麼感受呢？我看的時候應該是小學一二年級，它的劇情對我來說真的十分深刻，我很好奇，應該不會只有我有著這樣的回憶吧。

1 跨越香港八〇年代（一九八二～一九八九）的知名兒童節目，因為是下午四點半播出故以此命名，節目中會有播放版權動畫的單元。且不少港台知名演員如：梁朝偉、周星馳、鄭伊健……等，都曾擔任過該節目之主持人。

Battle 48

打不贏也沒關係，阻止敵人達成目的便是最大傷害

——天空之城

#失落傳說 #少年事件處理法 #妨礙公務 #魚死網破

宮崎駿動畫《天空之城》（天空の城ラピュタ）的故事在講一群前殖民者建立了一座城市，就是天空之城。這座城市擁有很先進的技術以及資源，任何國家只要得到了它，就可以用來壯大自己，甚至征服世界。所以，有個國家的軍隊想要搶奪天空之城，取得上面的資源，進而得到足以令大國崛起的力量。

只是，兩位主角，外加一群三教九流的犯罪者，因為看不爽政府的作為，竟然一起去阻止國家得到與利用這個城市的經濟和技術力量，阻礙那個統治自己的政府。國家當然是派出身為本片大反派的官員予以阻止。他帶著執法部門，以及一大堆以執法為名去對市民開槍的軍警，誓要鎮壓這些刁民，統治天空之城。

男女主角兩個未成年小朋友，不知好歹地企圖妨礙公務，面對執法部門以及有槍、有砲、有政府支持，而且行為無不法的大量軍警。可能很多人一看到這樣的設定，就批評他

們是去白白送頭的，不過既然主角們最終成功阻止了政府，那意味著有甚麼奇謀妙計吧？

並沒有，你也想到了吧？小孩能打贏大人和軍警，其實還是那方法：就是「攪炒」要死一起死。

男女主角很清楚自己沒有足夠戰力打倒敵人，但他們也很清楚一件事，那就是這些政府人員的目標，是得到這座城市所提供的經濟與政治利益。**政府貪的是資源，擔任領導官員的奸角貪的是權。只要讓這些東西都沒有了，達不到目標，就是對他們最大的傷害。**

所以他們不考慮正面擊破軍警，而是以摧毀天空之城作為戰略目標，摧毀了它，讓敵人想得到的東西全部得不到。當然，他們也身處天空之城，城市被破壞的話，他們大概也活不成，這不是「玉石俱焚」是甚麼？很多人以為有槍有砲就無敵，實際上，就算你有槍有砲，周遭的大環境崩塌，你還是活不成，而主角的玉石俱焚的方式就是破壞環境。這樣的話，再橫蠻的武器與武力也沒用。

當然從結局看，主角們因為好運而奇跡生還，不過當他們在決定要死一起死的時候，應該是沒有考慮過自己的得失安危，只求不惜一切毀滅對方。

雖然對面那個領導官員說甚麼「要是你不反抗我就會放你一馬」。不過生成這副相貌的四眼高官，通常都說話不算話，就算你信他，他還是照開槍射你。倒不如一起死，至少弄個魚死網破、同歸於盡。最後天空之城一爆，果然反派清光光，正如前面所說，主角們奇跡生還，闔家大團圓結局。雖然死了很多人，不過都是政府走狗，沒甚麼好傷心的，可喜可賀。

倒是這種教小朋友妨礙國家壯大，最後利用神風特攻隊戰略殺死一大堆公務員與高官的動畫片，為何在中國那麼受歡迎？又沒有被禁？不怕教壞小朋友嗎？如果小朋友都模仿那兩個主角，那國家安全該怎樣辦？

Battle 49

不是魔王創造了亂世，而是亂世催生出魔王

——假面騎士 BLACK

#改造人　#末日預言　#天災人禍　#魔王與勇者

《假面騎士 BLACK》（仮面ライダー BLACK）故事中，人類原本生活在二十世紀的繁榮盛世當中，但出現了一個研究生化科技的惡黨，以下簡稱為「黨」好了。他們透過研究蝙蝠、核酸檢測，製造了各種生物實驗體，並向主角聲稱，世界將會有天翻地覆的改變，而改變後的世界，將會由黨所統治。

像黨這樣小小的組織，只能做些偷雞摸狗的詭異事件，又怎可能征服擁有百萬大軍、促進社會繁榮的人類諸國呢？他們做的都是些偷取財物、技術、研究的事情，這樣能征服世界嗎？

主角南光太郎以前線記者的身份，不斷在各處遇上各種現象，驚覺社會上每一件事都跟黨的計劃有關，而又剛好被他碰上。雖然主角一次又一次妨礙了黨，可是當他接觸愈來愈多黨員，才發覺自己的真正身份，竟是黨所指定的繼承者，也就是那些人口中「統治新

世界」的魔王。南光太郎詫異的是，自己明明是想阻止這件事的人，為何最後反而會變成新世界的領導？

隨著故事的推展，人類世界遭遇了各種天災人禍。黨並沒有製造出大量的軍隊，明刀明槍地統治世界；相反，他們老早便察覺到人類自毀的本質，所做的也不過是加速人類自毀，幫助散佈難以抵禦的傳染病。加上地震、洪水及豪雨，使人類的經濟停擺，從而又引起了戰爭和動亂。

這解答了要怎樣成功征服世界。其實就和選舉一樣，若想取得議會多數，大部分人思考的，都是贏過對方取得較多的席次，但實際上，只需令對方的席次消失就行了。同樣地，黨不需要比人類強人，只需要將環境惡化至人類不能生存，自然就會比他們強大了。

天災人禍的連鎖成功被啟動後，文明與秩序不斷的衰弱，全世界玉石俱焚成一片焦土，無分善惡、無分陣營，所有生存能力不足的人類都會就此滅亡。陷入亂世與衰亡這件事，並不是主角能阻止的，亂世也不是他創造出來的，他只是有能力在亂世中活下來。因為毀滅人類的終究不是黨，而是人類自己，所以南光太郎做甚麼都不可能阻止這件事發生。

原來黨不用武力征服世界，只是因為知道世界必然滅亡，所以為滅亡後做準備。

而在焦土生存下來的人，若想要止血，則只能重建一個新的秩序；南光太郎要不隨事情就此惡化下去，讓世界充滿無盡的黑暗混亂……或者選擇匡正一切，以強力的統治收拾混亂。這雖然不是好的選擇，但他也沒有更好的選擇，因為文明條件早已容許不了。

要防止事情不斷變壞下去，就需要有人建立新的秩序，但這樣的話，他豈不就變成了專制獨裁、統治新世界的魔王了嗎？在我們知道主角的選擇之前，故事就結束了，他最後能否成功對抗命運，留白給了讀者們想像。

在世界變得不同之後，過去無法認同的事情，也變成必須自己下去做了。

Battle 50

大敵當前，為求生存，任誰都會變得瘋狂

#衛星撞地球 #拉近敵我差距 #逼上絕路 #人帥真好

——機動戰士鋼彈 逆襲的夏亞

《機動戰士鋼彈　逆襲的夏亞》（機動戦士ガンダム　逆襲のシャア，港譯為：機動戰士高達　馬沙之反擊）的故事裡，夏亞是反派，因為他打算毀掉地球的生態環境，令人類難以維生。作為一個地球人，竟跑去毀滅地球？怎看都是瘋了。至少我在小時候看到這劇情時，都感到十分困惑。

不過，我們之所以不理解夏亞的行為，只因我們都是小人物。活在文明社會的我們，自少深信人道和生命可貴，只要聽到會死很多人，就立即認為事情是錯的。可是綜觀歷史，我們卻無法否認，課本裡歌頌的偉大行徑，本質上與夏亞分別不大。

以抗日戰爭為例，抗戰的結束，就是將原子彈丟到人口聚居之地，此舉殺掉很多人，為何卻會被視為好事？教科書的寫法，就是戰爭不結束，大日本帝國的侵略壓迫就不會停止，戰爭延續只會導致更大的死傷。這正合乎克勞塞維茲的《戰爭論》所說，**不擇手段盡**

快結束戰爭，才能將損害最小化。

如果我們能接受這套說詞，只要將原子彈換成「殖民星」，再將大日本帝國換成「地球聯邦」，把被侵略的地區換成「宇宙殖民地」，那是不是比較好懂了？這是「鋼彈」系列裡，一再推殖民星墜落地球的理由。只是比起大日本帝國，「鋼彈」中的地球聯邦卻頑固得多，就算死了一半人口都絕不投降也不軟化，覺得自己還有機會打贏，就拒絕妥協。

若站在抗爭者夏亞的立場看，你要怎樣處理聯邦？他們不跟你談，即使你打贏了，他們又會不斷補充軍力，就算重創也毫不妥協，總之不論你怎樣做，也不願意聽取意見，決不讓步，以最強硬的手段鎮壓你所有的抗爭，只因為他們有絕對的經濟優勢，又對宇宙居民的處境沒有任何同理心。

說到這裡，大概就能理解夏亞想毀滅地球環境的原因了。如果聯邦的強硬源自其經濟優勢，那就讓這種優勢消失；如果地球人的不妥協是因為理解不到宇宙居民的資源劣勢，那只有將他們置在較接近的環境中；如果富人理解不了窮人，那就讓他們變成窮人。**只有環境徹底改變，才有「軟化」和「妥協」的可能。**

以此思路看，你會發覺自己能夠理解很多歷史上所謂的瘋狂行為，例如文化大革命，毛澤東在對抗頑固的中華社會時，可能也有類似的思維吧？瘋狂向對方作出破壞，其實就是瘋狂的頑固閉塞，這兩者是共生的。**愈頑固的既得利益者，就會導致愈大的暴亂。**夏亞可能和毛澤東很相像吧？如果我們只是叫人不要破壞，卻沒有叫人不要頑固，悲劇是不可能停止的。

夏亞這個角色，如果是一個人醜又禿頭的老頭，我會叫他太空毛澤東，不過故事裡的夏亞，長得一點也不醜，而是個對兒童很友善的英俊紳士。所以我覺得他比較像太空孫中山就是了。

Battle 51

法律與制度是否成為了掌權者欺壓平民的無情盾牌

#人民褓姆 #有牌流氓 #依法取締 #社會運動

——機動警察

《機動警察》（機動警察パトレイバー）這部作品雖然也有機械人，但本質上卻是以警察日常生活為主軸的故事。從生活的細節中，將警察從面目含糊只會聽從命令的紀律部隊，還原為人類，嚴格來說就是一群公務員的生活劇。

所以警隊裡又是些甚麼人呢？甚麼人都有，你可以在故事中，粗略分出幾種人。最沒有談論價值的，是像南雲隊長那一種，一看就知道是盡忠職守的菁英官僚。或者像剃刀後藤那種「世外高人」。以及「我喜歡養狗所以把機械人當警犬養」的泉野明，這種人像課本中跳出來，崇高勤勞保衛市民的理想警察。反倒是「因為我的志願就是警察而當警察」的人，卻非常罕見，因為是最不符合現實的。

以上都是理想的模範，自然不太符合現實，那比較合乎現實的警察會是怎樣呢？就是平凡人而已。而平凡人分為兩種，第一種是純粹為收入、為穩定，擔任警察只因為自己考上了公務員。故事裡的進士幹泰與山崎巡查就是這類。雖然身材算高大強壯，不過他們反而是小男人，會做好份內職務但重視的還是家庭生活，當警察只是為求生活安穩。所以這種人在衝突中多數採安全至上，根本不會想要受傷。就算他有裝備和能力能打敗敵人，可是如果敵人跟他認真起來，想要攻擊他，他不論如何都會先退，因為工作不值得自己受傷或自找麻煩。所以你會在抗議示威活動時會看到有些警察，明明身上都是裝備，可是市民一衝過去他們就後退了，因為他們很清楚工作賺錢只是為求家庭溫飽而已。

那麼第二種平凡人是甚麼呢？就是不那麼成熟的人，我說的就是故事裡的太田巡查。他是個怎樣的人呢？脾氣差、情緒不穩定，時常想靠暴力解決問題。不是不積極努力，不是沒有正義感，可是目光狹隘、不夠謙虛、崇拜威權與暴力、自視過高。對於犯罪者也好，公民示威的市民也好，都是視之為妨礙工作的敵人。只要手裡有槍，動不動就想要開槍。

說白了點，他以為他在鎮壓暴徒，但在別人眼中他只是個領薪水的暴徒，因為他並沒有耐心與智慧，釐清怎樣做才叫保衛市民，分清楚是非黑白，而被自己的情緒控制。沒有人說他不努力工作，只是故事也反映了這種做人態度，不僅不是維持治安，反而是破壞和平。

太田功這角色，在故事中只是個甘草丑角，負責闖禍與破壞，令故事多了很多諧趣。

只因為日本是個和平的國家，他所處時代的政府也不太激烈。可是如果太田功生於一個專制政府下擔任警察，而身邊沒有那麼多理性的同僚能壓得住他呢？那就沒有那麼好笑了，他也許會為了不合理的法律向被壓迫的人開槍，只因為他相信這就是正義，而且他應該對一切違法的人這麼做。

回頭看看我們的周遭，現實中的這類人也沒有少到哪裡去。穿上了制服，就覺得自己比別人高了一級；手上有槍，就覺得自己有權行使暴力；**倚仗著法律做後盾，就認為自己能代表正義；抱著這種心態去當差，失去了對市民的同理心的話，就不再是保衛市民的警察，而只是協助官僚統治社會的公安武警罷了。**

本作有個設定很有意思，在日後改編的《機動警察》真人版中，太田不當警察後就因為暴力事件而坐牢了。看來沒有了法律的背書、沒有了制服、沒有了槍，果真就成為了犯罪者。

Battle 52

領袖難為，對部下過度寬容終將導致敗亡

——魔動王

#領導力　#企業管理　#面惡心善　#良心事業

為了怕大家遺忘這部動畫，所以先略說明一下《魔動王》（魔動王グランゾート）的故事在講甚麼。在二十一世紀中葉，月球因為不明的突發事件，重力和大氣層變得和地球相近。成了地球人可以生活的環境，所以地球人就開始大規模的建設月球殖民地，也變成了旅遊勝地。

而主角大地有一次去月球旅遊時，偶然發現了原來月球是有原住民，長得兔耳類似人類的「長耳族」，並成為了很像機械人的「魔動火王」的駕駛員。後來結識了駕駛「魔動風王」的瓦斯（港譯為：加斯），以及「魔動水王」的拉比，三人一起在月球內部冒險解救長耳族，聽起來就是很典型的少年冒險故事吧？他要解救長耳族，要對抗的「邪惡」的入侵者邪動帝國。

為何我會用括號強調「邪惡」二字呢？因為很諷刺的，邪動帝國名字邪惡，領導者是

個老醜陰森叫作「亞古拉曼」的老妖怪。頭大身瘦，臉色青綠，沒有頭髮，經常說自己使用邪惡力量。也經常強調自己很邪惡，可是不要被騙了。當你看到他對待部下的方式時，你卻會發現他是一個不錯的領導者。他的幾個部下差不多每集都被主角挫敗，每次失敗後，那三個部下都經常卸責指罵，但亞古拉曼幾乎不會怪責自己的部下，也不會對部下發脾氣，反而每次都會以權威制止了眾人的爭吵，回去做正事。

在第五集，他的部下打輸了，邪動王被破壞，有同伴在追究責任時。他的反應是「邪動王壞了就壞了，有必要那麼生氣嗎？」，又止住了紛爭。**他完全做到了領導者最重要的責任：凝聚部屬。而且對於部下犯錯或者失敗也非常的寬容，平實指出錯誤，幾乎都沒有加以不必要的懲罰和追究。**

基本上除了最後幾集外，大部份的場合，他都不太干涉部下的做事方式。而是跟部下開會，由部下想出提案，然後他總是很信任部下的核准資源與裝備。而且不止一次他都提供一些自己的知識情報，提點他們沒注意到的地方，甚至會叫部下要避開危險小心點。

在現實工作過的人，看魔動王時總會覺得有這樣的老闆實在是不可多得吧？反而他的部下就太不成熟了，雖然看起來很有外表架勢，可是金玉其外，每次提出的計劃都不太可行，失敗了就一味在推託、蒙混、自圓其說。完全能看出為何亞古拉曼是領導者而這三人只是部下，格局和器量的差距非常的明顯。

到了結局時，亞古拉曼更是犧牲了自己的性命救了自己的女兒。看到這裡再加上前面的行為，你會赫然發現邪動帝國那個滿口邪惡的魔王，才是整個故事最大的好人，而且也做出了主角也做不到的最大犧牲行為。在整個故事裡也沒做甚麼真正的壞事，所以他根本就一點都不邪惡。

就像那些死亡金屬樂團一樣，他們只是把自己的家和造型裝飾得很像邪惡，所謂的「邪惡」在他們眼中也只是一種 fashion 吧？

不過亞古拉曼雖說是好的領導者，卻始終不能忽視一個事實：最後邪動帝國被瓦解了。這才曉得，當老闆人太好也是不行。對部下太好、全盤接納部下意見、太寬容部下的過失，但部下自己不反省老是失敗的話，還是得玩完。所以好老闆也真是難為，因為沒能生存下來的話都不能算是成功的。

1 魔動火王、風王、水王港譯為：地隱俠、風飄俠、水捲俠。

Battle 53

#生態保育　#都市開發　#狸貓變身術　#上街抗爭

堅守良善、道德與正義，敵人也不見得會放你一馬

——平成狸合戰

《平成狸合戰》（平成狸合戰ぽんぽこ，港台舊譯為：歡喜碰碰狸、百變狸貓）講述在日本某處，居住著一群狸貓，乍看雖是小動物，但他們實際上有著不下於人類的智慧與靈性，而且擁有人類沒有的特殊能力，能夠變身成任何生物與人類。只是因為不想引發人類不滿，讓人類有藉口除掉他們，所以才隱藏這些才能，並低調地在森林生活。

可是，最終他們依舊逃不開人類。隨著人類的繁榮與擴張，終於要開始開發他們居住的山林，一旦大規模的開發計劃成功，狸貓們很快就會失去家園；失去家園，就會無法生存。

為了捍衛家園，狸貓決定起來抗爭，推翻人類的開發計劃。只是生性純良溫和的狸貓，沒槍沒砲，也不喜歡暴力與殺人，最後的武器恐怕就只剩變身的能力，應該要怎樣抵抗呢？

善良的狸貓想到的方式，就是變身成鬼怪嚇人。所以他們決定舉辦一次變身大遊行。

他們認為只要化身成妖怪，在人類的城市中到處嚇人，向人類發聲，人類感受到鬼怪和大自然的怒吼，就自然會知難而退，撤回開發計劃。

結果遊行是成功了，值得狸貓們為自己鼓掌，但人類卻沒有被嚇怕，只當成是一個有趣的異象。後續還引來已經放棄抗爭、被追求加入人類體制的狐狸挾持。最終開發計劃都成功了，狸貓們的家園變成了新居民的家園，剩下的狸貓，有變身能力的就變身成人類，融入他們的社會中以人類的身份生存下去；沒有的？就因為失去居住空間與生存資源而走向滅亡。

狸貓抗爭為何失敗呢？其中一個重點，就是他們擺脫不了對人類的舊有印象。他們心裡對人類的印象停留於百年前，那時候人類還會敬重自然、害怕神鬼，所以遊行發聲能起得了作用，可是狸貓們沒意識到的是時代老早就不同了。

現在的人類早已無動於衷，狸貓可能以為是不夠投入、努力還不足，而沒察覺到舊的方法已經整個無效。當遊行這種方式無效時，就跟規模的大或小都沒有關係了，就算是兩百萬隻狸貓一起上街也解決不了問題。

也就是說，狸貓們本身就欠缺對敵人的足夠理解。**在戰略方面，也僅是一廂情願，對利害關係一無所知。憑藉的全都是感性，有的都是一股熱血和善意，雖然弄出了很動人的**

畫面，但並不足以對抗經濟利益和發展需要。

狸貓們是否必定失敗呢？至少這部作品沒給我們預見另一種可能性。只是，故事中的狸貓可以變身成商人、記者、模仿任何一個人類，甚至鎮暴警察。可想而知，如果他們認真規劃滲透與情報作戰，以欺騙的方式取得人類社會的大量金錢，再以商業手段取回自己故鄉的土地，這個做法是有機會成功的。只是狸貓對人類從沒有這樣的理解，也沒有能策劃出這麼複雜作戰計劃的務實謀略家，所以這也只是想想而已。

也可能狸貓天性就是不喜歡做滲透間諜等陰謀詭計吧？他們這麼善良。可是善良不能阻止他們最終失敗的結局：大部分被滅族，留下來的也被同化。**正義與值得同情，在電影裡能讓你成為討人喜歡的主角，但在現實中，滅亡就是滅亡，再值得同情的滅亡，也阻止不了你因為訴諸感性而自招消失的事實。**

Battle 54

#未來機器人　#海賊王　#諾亞方舟　#我是為你好

或許巨大不幸的出發點是源於一廂情願的善意

——哆啦A夢：大雄的金銀島

我們看《哆啦A夢》（ドラえもん）的時候，常常都會想，如果能擁有哆啦A夢的道具，或者活在有哆啦A夢的那個世界就好了。這是因為我們想像自己也能擁有任意門、時光機、美食桌巾等道具，就實現我們很多現實做不到的願望，最終還是想要實現自己幸福。

但《哆啦A夢大長篇》（大長編ドラえもん）系列的世界裡卻總是告訴我們，**單憑科技是無法令人類得到幸福的，甚至是會令人陷入不幸。科技能增幅了人類的力量，但力量卻沒有善惡之分**，而且人類的幸福，是一種感性的需要。就算我們有哆啦A夢的道具，習慣了之後，還是會回到人性問題的基本面。

要是你完全也不想看到劇透，這篇文章就讀到這裡吧，我會把結論寫在這裡，《大雄的金銀島》是完全重製過後的《哆啦A夢大長篇》系列之一，也是近十年最出色的大長篇。看了絕對不會後悔，但如果你能接受一點劇透，那麼，請聽我將理由娓娓道來。

回到第二段，我是說單憑科技可能會令人「陷入不幸」，而不是「為非作歹」，而劇中的「反派」也並不是全然的「壞蛋」。**因為會導致不幸的結果，往往並不是出於壞心腸，反而是人類想努力實現某種道德與偉大理想時，反倒令製造出來的不幸更巨大而且徹底。**這次電影版的反派——西爾弗，就正巧是這樣的人物。

嚴格來說，他不僅是反派，更是這次故事的主角。整個故事的起因，都是因為他的愛，對他家人的愛，對人類的愛，他的一切行為，都是為了繼承亡妻的遺志，以及為下一代著想。不論建立海盜船，以及搜羅全地球海底的文化遺產，都是為了相同的原因。

問題不在於他立意不良，而是他用強迫的方式在做自己覺得對孩子好的事情，而且他的孩子們並不認同。他為了人類未來所做的事，也沒問過現在人類的意見，很可能會傷害到人類。**身為反派的西爾弗，真正犯下的錯誤，是「在沒有問過別人意見下，強迫別人接受一些自以為對別人好的事情。」**

這次的大長篇，終於不再純粹在環保與和平議題上打轉，而走向了世代的衝突。想想也合理，作為四十年以上的ＩＰ，很多《哆啦Ａ夢》的老讀者，已經是父母甚至祖父母輩了。也許已做過不尊重自己的下一代，強迫對方接受自己覺得對的事情吧？

這也不僅是主題，這次的電影比起過去有更多的人味。過去像《大雄的太陽王傳說》

等，大家多少會對一些不合理的地方卻沒有解釋感到莫名其妙，例如為何突然會出現魔法？瑪雅文明最後去到哪裡了？電影裡都沒有答案，但這次卻很願意在這些地方著墨。

例如一開始為何要搭乘海盜船而不是利用任意門前往寶島？大雄就給了很出色的答案，那就是氣氛不對，他享受的是那種冒險的感覺，而不是直接的達到目的地。這可是很巧妙的利用人性解答了一切不合理之處，至少不再需要像過一樣，安排讓哆啦A夢的百寶袋搞丟或是被偷走了。想想為了避免他的道具太強破壞故事，他的百寶袋在大長篇都不知搞丟多少次了。

這次故事令人驚喜的改變，在於不再僅是只是讓小孩看到更好的未來，而是教大人怎樣去當一個大人。本來看到《大雄的金銀島》這主題，大家心裡多少會有個譜，覺得不是像《大雄的太陽王傳說》一樣，乘時光機回到加勒比海盜時代，就是像《大雄的發條都市冒險記》一樣，利用道具搞金銀島的主題樂園，沒想到這次的內容竟然跳出了套路。

好吧，說了這麼多優點，必須也講講這部電影最大的缺點，就是這集我好像沒看到胖虎唱歌的橋段。

Battle 55

只要暴力本身是公正無私，那麼和平與暴力其實並不互斥

#企業爭奪戰 #原始暴力 #戰鬥 #議會打架

——拳願阿修羅

《拳願阿修羅》（ケンガンアシュラ）的故事背景最早於日本德川時代便開始了，一堆人為了爭權上位而互相爭鬥，慢慢地，他們的衝突日益升高。明槍暗箭、互相攻擊，甚至演變成互相陷害抹黑及攻擊不同派別的人，無日無之，結果只引致無意義的互耗內鬥。

幕府將軍雖然還只是個小孩，卻沒有傻到苦口婆心勸眾人放棄暴力，他大概也知道即使勸了，但卻被當做耳邊風的話，只會讓大家認為他是個廢人。相反的，他成立了一個專門處理社會不同群體衝突的機制，叫作「拳願會」，將所有政治鬥爭集中在一個地方解決，盡可能減少對社會的破壞。

從這裡就可以看出，這跟現代國家的議會概念十分相像，那就是鬥爭的場所。相比之下，因為沒有人是花瓶，所以比起現代民主國家的議會制度更有效、更先進。各個利益集團，可以選出一個自己的代表，從一切從利益衝突，乃至權力爭奪的爭議，都在拳願會裡

解決。

不過當時的德川幕府，跟今天的香港一樣，都是沒有民主的地方，議會裡解決問題的方式就算用投票，也是沒有意義，而且大家都不服（當投票結果被架空時，公眾都反抗不了，那幹嘛投票？）；當利益針鋒相對時，要想協調說服也不會有結果。

既然百姓只會屈服於不可對抗的暴力，那議會就是展現暴力的場地。故此，拳願會就是讓大家派出一個自己認為最強的鬥技者，要通過誰的議案就看誰打得贏。德川家把這概念稱之為**「和平的暴力」**，**和平與暴力互不相斥，只要暴力本身是公正的。**

將暴力只限制於拳願會裡盡情衝突，德川幕府就回復太平之世，議會暴力帶來了了社會和平。而拳願會也傳承到現代，隱藏在現代社會下，成為企業之間解決衝突的方式。

看來單純勸人放棄暴力，通常不能建立和平，反而是在破壞和平，因為這樣做只能勸服一些弱者放棄暴力，而使強者得寸進尺。那要怎樣才能夠建立和平呢？《拳願阿修羅》或許就給出了個很好的方法。

Battle 56

\#投錯胎 #世界大同 #烏托邦 #移民指南

良善完美的共產國家和混亂內耗的民主社會，你怎麼選擇？

——超人：紅色之子

提起超人這位超級英雄，相信大家都很熟悉，例如他把內褲穿在外面、經常大戰蝙蝠俠、在鳥山明的《怪博士與機器娃娃》漫畫中還是個靠著「[1]吃酸梅變身的諧星」。不過更重要的是，一般人就像你我取得國籍得靠投胎，而超人就像孫悟空一樣，靠得是抽獎，因為出生時被隨機丟到了美國，就變成了一個美國佬，也不用移民和領什麼綠卡。

但要是他被丟到共產國家會怎樣？《超人：紅色之子》（Superman: Red Son）這個作品裡，超人依舊是超人，可是還是嬰兒的他，墜落到地球時卻因為地點有些微不同，而掉落在烏克蘭的集體農場（Kolkhoz）。當時的烏克蘭是由蘇聯所統治，導致他自小被洗腦教育思想灌輸，反正我們都很熟悉是哪種。

只是有點莫名其妙的是，原先設定於美國的高中初戀女友拉娜・藍（Lana Lang）不知為何也同樣生於蘇聯，姓氏還變成了拉扎連科（Lazarenko）？超人自己墜落的地方不同了，竟然影響到另一個人投胎。

在這故事裡，超人就像共產國家的運動員一樣，在一九五〇年代被公諸於世，宣揚共產主義的優越性。這立即引發美國恐慌，害怕被共產黨打敗，美國找來了原著中超人的死敵瘋狂科學家雷克斯．路瑟（Lex Luthor）對抗超人，兩者開始鬥法。

面對種種毒計，超人自然一再拯救了蘇聯，並成為了史達林的心腹。超人保留了和原著一樣的善良和正義感，但是信奉的卻是共產主義，使他和現實的共產黨員不同。超人的目標並不是把家人移民加拿大，而是想讓人類社會變得更好——當然這包括消除私有財產制。

史達林死後，黨中央決定要選「超大大」為人民服務，一開始超人覺得自己不適合從政，但經歷過一場災難之後，**超人才理解到，要建立真正的共產主義天堂，就必須掌握權力，他遂成為了國家領導人。**

在超人領導的民主集中制之下，真的建立了沒有貧窮，疾病得到照顧、老有所養，人人每天吃飽睡足，沒有罪案，自然也沒有私有產權的均富社會。美好到不斷有更多國家加入，蘇聯不用戰爭就擴張至整個地球。不過大家都記得超人有順風耳……所以也沒有人敢說超人的壞話。

相比之下，美國在民主和資本主義下就內耗惡鬥、社會撕裂，變得一團糟，就只是沒有被共產黨統治。在超人的統治下，穩定壓倒一切，完美到你不需要選擇，也沒有選擇。

可是超人還是善良的超人，不像某些喊著「先打大豆、再打飛機」的國家，他不打算武力解放美國，而是希望說服美國加入他的共產主義天堂，只是美國人一直都拒絕。蘇聯再強大再美好，也不願受超人統治。另一個很不爽超人的角色，是同樣生於共產國家的蝙蝠俠，他要反抗這個被超人統治的社會。

超人的共產主義天堂看似快要取得一切勝利時，快要玩完的美國，他們的民主體制最終得出了結論，他們選出邪惡天才雷克斯．路瑟，面對完美的好人統治的共產專制，結論就是選出完美的壞人去當民主總統。

最後他們對抗的結果怎樣？那就要你自己去看了。都把劇情說光了就沒甚麼好看吧？這是被稱為超人系列作品當中最好的其中之一不是沒有原因的，非常值得一看。

---

1 指知名漫畫《怪博士與機器娃娃》中的搞笑反英雄角色「酸梅超人」。

STAGE
V

好萊塢摩天樓

Battle 57

低俗滑稽的品味背後，是療癒艱苦日常的娛樂消遣

——電視版蝙蝠俠

#超級英雄 #動漫時代 #戲謔惡搞 #啤酒肚英雄

小時候看舊電視版的《蝙蝠俠》（Batman）或粵語殘片的時候，我總會對那種老套廉價的表達方式感到疑惑。為什麼會那麼卡通、那麼荒謬？是因為技術所限、拍攝技巧不純熟造成的嗎？還是導演的功力問題？因為最早看了這套電視版《蝙蝠俠》的印象，使我有一段時間，以為這不過是一套好人打壞人的老套作品。

直至網路興起，我真的讀到《蝙蝠俠》漫畫時，才發覺並不是那回事。漫畫講述的是一個黑暗英雄，而不是電視上那位將內褲穿在外面的滑稽佬。換句話說，這套電視版是刻意把蝙蝠俠設定得滑稽的。

為甚麼導演或編劇要這樣安排呢？難道是因為遷就六〇年代觀眾頭腦簡單，品味惡俗？為何要把《蝙蝠俠》這個陰沉黑暗的故事，改編成滑稽搞笑的劇情？後來在我看了些研究文章後，才漸漸理解到惡搞之下的真相。

因為在六〇年代，三、四十歲的成年觀眾，哪怕是美國人，可都是生長於苦難的大時代。年紀大一點的經歷過大蕭條的貧窮，年紀輕的也在二戰中長大，而且接下來還得經歷韓戰與越戰，又被世界大戰的陰影籠罩；而香港人則多是歷經戰後走過來的難民，居住環境惡劣。

你要跟這樣的人講述一位「悲哀的黑暗英雄」其實是沒有意義的。失去雙親？這在戰爭時代並不罕見，當觀眾都見識過更黑暗艱苦的人生時，蝙蝠俠只是個過得很爽的虛構角色；當大家正在面對大國與戰爭的威脅時，蝙蝠俠打擊罪犯這件事也沒有吸引力。

換句話說，若將諾蘭版的《黑暗騎士》放在那個年代，是不會像今天那麼受歡迎的。對於生於憂患的世代來說，你不用再跟他們說這位虛構的角色有多慘，因為他們自己比虛構出來的悲慘更慘。他們反而會想要滑稽的蝙蝠俠，為人生帶來一點輕鬆。**有時，惡俗的品味背後代表的，是某個世代艱苦的人生。**

當年會喜歡看這套劇集的觀眾，很可能是上過戰場的老兵、失去至親或傷殘的人、在貧窮中成長的勞動階層，或者是被罪犯殺掉雙親的富家公子。對他們來說，當個滑稽少爺不就剛好？

當然到了我們的年代，就只會看見那種滑稽和廉價感，所以不再受到吸引了。**創作終**

究也是屬於一個時代，並反映當下的時代。如果我們只看作品，而沒有考慮受眾的話，可能很難會感受到其受歡迎的原因吧。

Battle
58

最後站著才是贏家？想跟對手比氣長，你有多少資源？

——第一滴血

#無業遊民　#野外求生　#對抗威權　#長期消耗戰

對於香港的未來曾聽過一種說法，那就是不要質疑眼前採取的行動是否有助於達成目標，只要跟對方繼續待在政界「鬥長命」[1]，等個幾十年過去，自然就會贏得民主。民主不是一天建成的，所以大家只要有耐性的等下去就行了。耐心等，民主終究會到來。但我的觀點是「除非你的目的就只是為了消耗敵人資源，否則鬥長命是不會讓勝利降臨的。」

這令我想起《第一滴血》（First Blood）第一集中、形容游擊戰專家藍波的一句對白。他是被訓練成能夠無視痛楚、忍受任何氣候、遠離文明生活、甚至可以吃連牲畜都不願吃的食物，並賴以維生的人類，可以以消耗的方式去贏得勝利。

就藍波而言，勝利不是怎樣在有限時間內盡快勝過敵人，而是怎樣在無限時間內，令自己不要倒下，似乎很像某些政客愛說的「鬥長命」。

那麼藍波是怎樣鬥長命的呢？在電影裡，藍波因為被警察侮辱而襲警，以致被警察圍捕。第一集的藍波並不是超人，沒有衝出來正面對抗有槍有砲、為數龐大，還有法律撐腰的警察。其實他在整個故事中，就是不斷地逃跑，然後被那些執意不放過他的警察不斷地圍捕。

藍波沒有「以一當百」，沒有力壓對方，而是不斷在壓迫之下生存。不要以為他是美國佬就有擁槍權，在故事中，他沒有合法買過槍，也沒有射殺過任何人。是的，他一個人也沒殺。他對抗軍警的策略，其實就是平民的方式：丟石頭、做陷阱、為了拖延追捕而炸了油站，截斷電力供應，所有事情都是拖延和消耗對方，而不是擊倒他們，雖然藍波不殺一人，卻不斷消耗及破壞敵方的資源。

所以你可以看出，藍波的「鬥長命」，是與敵人一起消耗、一起痛苦、一起忍受不斷惡化的環境，讓對方受不了，而因為藍波比他們更能吃苦、適應惡劣的環境、願意吃狗也不吃的食物，所以才可以炸加油站、截斷電力，拖全部人下水，讓整個環境惡化。他不像敵方般依賴這些東西去作戰和生存，這正是他的戰略，若不在惡劣的環境下，其生存能力是不會成為優勢的。

可見，鬥長命是因為能吃苦，經得起消耗，並決心讓所有人一起消耗，迫得對方軟化求和。如果消耗不了對方的話，此舉根本毫無意義，也不會取得勝利。要是你發現等越久，對方便愈強大，那恐怕等到最後，你不僅不會等到勝利，只會自取滅亡。

1 保留作者原文用語，意指「比看誰撐得比較久」。

Battle 59

生命會依循環境與文明更迭繁衍，誰都不能攔阻

#生生不息　#種族戰爭　#資源競爭　#水與鑽石的矛盾

——沙丘魔堡

《沙丘魔堡》（Dune）（1984年版）的故事發生在一個全是沙丘的行星。一枚沙漠行星，飲用水非常缺乏，根本不適合人類生存，這星球卻非無人居住。在遠古時代，一群難民為了逃避迫害，逃到了這個窮山惡水的行星定居，在這裡世代居住之後，他們的子孫適應了這裡的環境，塑造了一套完全建立在「缺水」之上的文化，因為對他們來說，水就是生命的同義詞。

所以他們開發了一種套裝，能夠把身上排出的所有水份，從呼出的水氣、汗水到小便都一概收集循環；即便一個人死去，屍體上的水份也要全部抽乾。對人吐口水不僅不是侮辱，還代表敬意，因為對於他們而言，那是貢獻出身體裡珍貴水份的行為。他們的語言，對於風與沙有極豐富的形容詞。缺水這件事，形成了他們所有的風俗、習慣、語言、禮儀，也形成了「佛瑞曼人」（Fremen）這個民族。

然而這顆缺水的行星卻有著全銀河最珍貴的資源，使它變成了帝國最重要的經濟據點，因為一旦缺少這種資源，整個帝國的經濟就不能運作。因此，各方勢力都想爭奪這星球的控制權。對於銀河系的大部分人來說，他們有興趣的只有這裡的資源，在上面的人都不過是妨礙他們的小蟲……說穿了，外面的人來這裡是為了賺錢，這也是理所當然的。

對於沙丘上的佛端曼人來說，他們最大的願望，就是將沙丘變成水資源豐沛、綠草如茵的環境，就像南方人喜歡清涼，北方人喜歡溫暖一樣，人類總是追求自己沒有的東西。

但偏偏，綠化這星球，卻會破壞星球的經濟資源。也就是說，本土居民的願望、本地人的生活，與外地人來這裡的目的以及天下的經濟，完全對立。外人不在這裡成長，難以理解這裡的人堅持綠化此地的夙願。這能用一句「大家祖先都是地球人」搪塞過去嗎？當然是不可能的事。

毫無疑問，他們血緣上的祖先來自地球，可能他們祖先曾經有中國人、日本人、台灣人、香港人，可是這對他們而言，並沒有任何意義。在不同環境中成長的人，理解事情的方式就一定有異，連語言也不一樣。地球人移到了不同的星球，並不會因為祖先都是地球人就會相同。不同環境讓地球人的子孫變成不同的民族，文化、心理、語言和身體都會因環境而有所改變。

這個概念在《沙丘魔堡》是非常明確的，在故事裡出現的各個民族的特性，都源自他們的成長環境。例如扮演侵略者的哈科倫（House Harkonnen）們，形成他們性格的，就是在於其故鄉是個被重度污染的工業星球。民族與文化並不源自血緣上的祖先，而是源自居住環境、時代與生活。

自古以來，民族不斷消失和新生，哥德人、汪爾達人、腓尼基人，在古代曾經強大但今天已不存在；而今天強大的美國人，在五百年前也不存在。**民族會不斷地消失和新生，在我們生活的今天，也會在舊的民族裡孕育新的民族；在舊的語言中孕育新的語言。那只是代表了隨著時間與世代交替，我們比祖先更適應由地理、經濟、時代、技術、氣候形成的環境。**

民族是能夠改變的，但那並不源自法律上的國籍改變，而是身心的改變。當你翻開系列第一本小說，看到主角保羅，本來是一個外來者，在進入了沙丘之後開始接觸佛瑞曼人……慢慢融入他們的文化，在心態、理念，以致於生理上，都逐漸入鄉隨俗，成為一個本地人，最後更帶領佛瑞曼人以武力驅逐「合法地擁有星球主權」的外地人。雖然是科幻小說的劇情，可又有哪裡不現實呢？

Battle 60

堅守溫良恭儉讓，只會換來變本加厲的迫害

——回到未來

#時光機 #霸凌 #以牙還牙 #逆轉人生

若用簡單一點的方式說明，你會發覺《回到未來》（Back to the Future）根本就是《哆啦A夢》真人版。要找類比的話那個博士就是哆啦A夢，主角馬蒂（港譯為：孖田）就是小雄，而他的老爸就是大雄，他老媽就是靜香，而欺負他的那個大塊頭是胖虎。

主角馬蒂有一位營營役役的父親，在年輕時是個愛看科幻小說的內向年輕人。別人用暴力對待他、長期霸凌他，他原本的人生都一直地忍讓，堅持和平非暴力抵抗。但他並沒有感動欺負他的人，而他也因為這種長期的屈從與退縮，而變成了一個沒有尊嚴、缺乏自信，在感情家庭事業都全部皆失，苟且生存的人。而讓他變得勇於抗爭的下一代原先也過著被同儕羞辱的生活。

在時光機的幫助下，馬蒂回到了過去，見到了自己年輕時的父親，想要追求將來會成為馬蒂母親的女孩。原本的結局是成功娶到她。但因為馬蒂擾亂了時空，使這個既定的結

局被改變了，主角可能從此消失。主角是怎樣讓他的父親重新取得母親的認同呢？

整個故事，就是馬蒂為了自救，花盡心思想幫助父親取得認同。他成功了，父親重新得到認同，而且當主角回到八〇年代後，發覺一切都改變了，父親不僅不再被人欺負，變成了一個有尊嚴、有自信、受社會認同、事業成功的人。他的經濟和事業，都因為性格大幅改善了。之前欺負他的人，恭恭敬敬的幫他擦車。

若還記得他最終成功的方式，就是老爸終於忍不住挺身以暴力對抗欺負他的人。他用拳頭打倒了那個一直欺負他的人。別人欺負你，你就回擊，即便是用暴力，物理對物理的傷害對方，令對方痛苦和損失。你才能夠贏回對方把你當人看，尊重你，然後不再想要傷害你。

使用暴力不等於比對方強，他的父親並不是變成格鬥高手，即使在結局時，他父親也沒有長得比欺負他的人高壯。坦白說，就算從結局看，大家認真打架的話，他的父親應該還是會輸，當時那一擊成功只是因為運氣。從頭到尾客觀來說，主角的父親就像國際政治中的台灣或香港，客觀的武力不如中國，打不過對方，但這並沒有構成他們放棄反抗的理由。

不可能打贏對方，並不代表你不能傷害對方，老爸展現的就是那種「可能性」。他本來從一個不會也不可能反抗的弱者，成為了一個有可能反抗的弱者。本來對方可以很安全，無風險地欺負他，變成了欺負他就有可能蒙受損失，甚至是巨大的顏面損失時，變得投鼠忌器，一切就改變了。

可能之後他再也不敢輕易欺負他，也不敢隨便的恐嚇他，也可能之後依然會欺負他，但是父親用各種手段令對方付出代價，聚集朋友起身反抗？午夜偷襲？破壞他的財物報復？我們無法從那時光機帶來的空白中，知道這一拳後發生甚麼事，我們只看到結果，一個不論地位和經濟，以及精神上都較健全的父親。我們不知道，這一切都只是想像，可能性，但那一下的反擊，足以改變一個人的一生。

而且，看到最後，主角的父親可是僱用了那個當初欺負他的人擦車。最終雙方是否就不能做生意？不能有貿易往來？也沒有。重新定義了雙方的關係和地位後，人類和人類還是能合作的。就像日本曾侵略中國，中國抗戰勝利，結果還是繼續能和日本貿易。

衝突並不會斷絕人與人之間的來往，而只會重新定義雙方的關係。當別人欺負你時，你反擊，你不見得會失去與別人的合作機會，更有可能的是，別人重新評價你之後，成為更好的合作對象，你能爭取到更好的條件，沒有變成「你反抗我，你的車沒人擦你就完蛋了」。

慢著，這樣的故事不是等於又在宣揚暴力嗎？是的，這故事就是這樣。這故事的寓言，應該會令很多人反感。你也可以說，這個故事爛透了，主角的父親，因為對抗怪物，自己也變成了怪物，不僅宣傳暴力，之後的生活改變更加是宣傳消費主義、父權思想。為何不用和平手段感化欺負他的人？

如果你依舊這樣想，我推薦你去看《超時空要塞》，去學學如何光是唱個歌就能贏得外星人的尊重了。

Battle 61

遭逢強敵與困境，臨機應變才是你手中最強大的武器

——終極戰士

#地球保衛戰 #外星侵略者 #特戰士兵 #逆境求生

美國八〇年代的動作英雄片，常見到史特龍（港譯為：史泰龍）或阿諾史瓦辛格（港譯為：阿諾舒華辛力加），那種滿身強健肌肉的強悍軍人，拿著重火力機關槍火箭砲把敵人轟爛，準備充足，訓練精良的強者消滅弱者，正義打敗邪惡，難怪美帝有無腦暴力形象，很多人一看到這種電影就評為「大美國主義」。

而《終極戰士》（Predator，港譯為：鐵血戰士），乍看之下也是這樣的電影，畢竟阿諾飾演的主角是特種部隊猛男，故事又是對抗外星人，看起來就像是那種美國佬拯救地球的電影。但是，相反的，《終極戰士》完全不是這樣的套路，跟史特龍開無雙的《第一滴血》續集完全相反。

《終極戰士》的故事，講述一支精良的特種部隊在某小國救人時，遇上了追求狩獵強敵、獨行的外星獵人「掠奪者」（港譯為：血獸）。和《第一滴血》相反，不是一個超級

士兵對抗一大群嘍囉，主角反而是被一個超級士兵對付的嘍囉。跟《異形》也相反，不是對抗智商不如人類的兇殘怪獸，而是精銳機智的獵人。

外星人的作戰，用的並不是飛碟，或者超科技大火力兵器，反而是非常傳統的長矛。而且作戰的方式也非炫目的火力展示，而是把自己隱身在森林地形裡對主角群進行伏擊。而且最重要的是，外星人的體質沒有比地球人強太多，一樣會流血，一樣可以用傳統武器殺死。

最重要的是，決定最後勝負的並不是力量或裝備，反而是東方人常強調的：「智取」。主角全身塗抹了泥巴令外星人偵測不到自己，利用陷阱和各種方法，引對方上釣。而面對眾多智取與陷阱，敬佩主角是強者的掠奪者，拋棄了高科技裝備，跟主角肉搏單挑。主角勉強獲勝，而掠奪者輸了則自爆而亡。

最終打贏敵人的，並不是甚麼先進裝備，最終一戰是原始的肉搏；靠的也不是人數，因為主角原先是人數比對方多的特戰部隊，卻被外星人逐一個別擊破全滅；也不是靠著體能優勢，因為人類的體格與敏捷，皆不及外星人。而是主角不屈服的鬥志，以及想盡一切方法不被外星人殺死之餘，反殺外星人。

我們常以為用計的人，形象總是羽扇綸巾的諸葛亮，但在這電影中，卻是一個滿身泥濘的美軍士兵。這比起刻板印象，更像真實的美國，看起來財大氣粗，但事實上粗中有細；看起來是靠蠻力和物資取勝，滿身肌肉的背後卻藏著鬥志、理性、謹慎與智慧。

軍人固然不能沒有肌肉，但肌肉和裝備都只是工具，頭蓋骨裡的東西，才是克敵致勝的關鍵。美國人是懂得智取的，而且那不用在外表上讓你看得出來。

面對如此強大的敵人，並沒有就此放棄，未到最後一刻，依舊在找尋敵人的弱點，苦思對抗的方法，如果你有關心美國的歷史，會發覺這其實也很美國，那個在華盛頓所領導下打敗宗主國、贏得獨立戰爭的美國，真正的精神與內涵。隨著強敵與難關而改變自己，使用過去不用的手段，才是鬥爭的真義，也是人類與生物演化的基礎。

而這會不會是我們最欠缺的精神？**面對看起來強大的敵人，我們總是一下子就說很多事情不可能，無法做到，打不贏，真的打不贏嗎？恐怕是我們覺得戰勝是不可能，就拒絕變通演化，保守的堅持既有的手段吧。**

Battle 62

害怕犯錯而無作為，結局就是一事無成

#暴力美學 #警界楷模 #人民保母 #槍械使用規範

——機器戰警2

《機器戰警2》（RoboCop 2，港譯為：鐵甲威龍2）可謂為一齣十分兒童不宜的電影，不是裡面有巨乳性感美女的那一種，而是因為大家預期看科幻動作片，結果卻會看到血腥暴力恐怖片。特別是當新登場的改造人警察，脫掉自己頭盔露出一個帶血的骷髏頭在尖叫的畫面，事前沒有預警，配上電影的大銀幕，當年應該令很多以為帶孩子進去看科幻片的父母錯愕。

上述的這段場景還在比較前面，後面還有更多暴力的東西，加上是一部科幻動作片，所以當年應該嚇傻不少小孩子讓他們無心細看後續的劇情。其實這故事裡，有一段是很有意思的，機器戰警因為手段太過直接，不夠和平，惹人非議，引發一些公關風波，被電影裡的角色稱之為「公關災難」（英文真的這樣寫：public-relations disaster）。

所以公司維修機器戰警的時候，為了順應社會的道德要求，在他的程式裡加了一大堆守則。就是說，守則中記載行為全是違規的，機器戰警為了謹守高道德標準，這些守則全部都不能犯，務求將機器戰警導正為沒有行為可以非議，全然政治正確，完全佔有道德制高點，不會釀成公關災難的形象，使他不再教壞小孩。

就在維修人員煩惱如何調整機器戰警的行為徵詢意見時，很多人提出他們標準的道德，例如：如果用協商解決問題，而不用暴力，不是更好嗎？他是否可以注重一下環保問題？我沒見過戰警去關注弱勢社群，他是否可以去關注一下？或者去幫紅十字會籌款？救救貓狗？連推廣戒菸的工作他都應該要做，總之大家把自己的道德標準，像立法一樣，想全加諸機器戰警身上。

最後，守則規定，他必須到處散佈正能量、不得有破壞行為、不得有任何不成熟的偏見、在表達自己之前一定要先聽完別人的意見、不許闖紅燈、保持微笑、禁止歧視，以及盡可能使用非暴力的解決方法。上述內容不是我誇大，不信你自己找電影看，那些守則都列在畫面上，雖然畫面跑得很快，觀眾未必能留意到，但放慢動作仔細看的話真的可以一條條看到，據說總共有三百條守則。

而要想遵守所有守則的下場又是如何呢？結果就是為防止公關災難，明明對方已經開宗明義施加暴力，不斷開槍射他時，他還試圖友善地和對方講道理，照足程序做事，完全阻止不了對方的暴力行為。最後他的同事見情勢危急，索性自己開槍解決對方，機器戰警之後甚至跑去跟對方說教，叫他們想想父母，連小朋友都覺得他是不是腦袋有毛病。過多的教條，成就了完全無視現實，解決不了問題的行為模式，結果機器戰警成為了一個絕不犯錯，但卻也不會做對任何事的、真正的機械人。

後來連他自己也撐不住，決定用電擊把自己重啟，消除所有守則，機器戰警才回復了人性——一個有血有肉、會犯錯、有缺點，但會懂得應變，把該做的事做下去的人類。

多做多錯，少做少錯，不做不錯，**如果我們太在意打破規則、犯下錯誤，那麼唯一的邏輯結果，就是一事無成，因為誰不會犯錯呢？只有完全不做事、不說話的人和死物是不會犯錯的。**

Battle 63

最該提防的並非力量最強的敵人，而是敵意最強的敵人

#生命會找到出路 #獵人與獵物 #以暴制暴 #趕盡殺絕

——侏儸紀公園

電影《侏羅紀公園》（Jurassic Park）是個講述恐龍追人的故事，我還記得當年，初次看這部電影時我最期待的就屬最後的大戰暴龍吧。畢竟最巨大最強最重量級的恐龍理當才是最後大魔王。可是直到結局我才發覺，這個故事最大的威脅並不是暴龍，而是速龍，雖然那應該是叫迅猛龍，不過在我們香港都會把牠當作是「速龍」。

速龍幾乎就是整部片的主角，畫面最多的是牠，最後開門以及埋伏的也都是牠。電影從一開始就已埋下伏線，讓員工被速龍咬死，果然到了最後，主角們被速龍獵殺。那時候我其實有點莫名其妙，為何最後首腦不是最大的，反而是最快的？但隨著成長，我才發覺導演用速龍當最後反派，其實是很聰明的決定。

作為曾經的小孩子，我對於危險的看法是天真的，覺得最危險就是力量大、體型大，破壞力強的暴龍。但看了電影你就理解，暴龍並不是最危險的，速龍才是主角們最大的威

脅。

牠行動快速，有智慧，而且會強行闖入人類躲藏的私人建築物捕獵人類。面對暴龍，你還可以躲可以逃，可是面對速龍，就算你不跟牠對抗、想要躲藏，牠也會把你搜出來，想要逃走則會追捕你。牠使你只能活在恐懼當中，再也沒有安全感可言。

面對其他恐龍時，你去挑釁、對抗牠，當然是找死，但只要你肯逃肯躲，還可以保住一命。但是面對速龍，即使不挑釁不對抗，牠都會主動想要捕獵你。你想逃想躲，牠都會想要捕獵你。

暴龍雖然兇猛但不會逼死你；速龍雖沒暴龍那麼強大卻會對你趕盡殺絕，所以暴龍雖然較強，但不是大反派，因為在牠底下你還是有生路。**那些會來針對你、找你麻煩，想要將你趕盡殺絕，不留生路的才是危險的敵人。對你來說最危險的並不是力量最強者，而是對你敵意最強者。**

面對這種不讓你逃、即使躲著也要把你找出來，非要對付你不可的大敵，你的處境就會像故事裡的人類主角們一樣無助和恐懼。最可怕的並不是體型與爪牙，而是那種敵對的意圖。

說完反派，諷刺地，這故事最大的英雄竟然是暴龍。因為劇情最終解除威脅的方式，就是暴龍使用更大的暴力把速龍消滅。暴龍之所以是英雄，只是因為牠消除了人類在本故事中最大的性命威脅而已。

這結局豈不是在提倡以暴易暴？是的。**可是當我們受暴力威脅時，有人願意挺身解救我們時，難道要抱怨他的手段也只是另一種暴力嗎？**

Battle 64

濫權的政府官僚遠比恐怖份子來得更為邪惡

#辛普森家庭 #環境保護 #依法行政 #查無不法

——辛普森家庭電影版

《辛普森家庭電影版》（The Simpsons Movie，港譯為：阿森一族大電影）講述春田市受到了污染，出現染疫的動物。為了阻止污染擴張，環保署長拉斯．卡吉爾高舉「保護環境」這種政治正確、可以獲得知識分子大舉支持的大旗，包圍春田市並實施封城，把所有居民封印在城內，導致市內食物汽油等物資短缺，市內居民的死活完全被置之不顧。

他所做的一切都是制度授權，看似合法合程序，他只是在法定權力和可能性中，把自己的權力用盡，向上級擬定最濫權的方案，以最粗暴的方式去執行，最後更提議要殺光全市民去抗疫，雖然他沒有成功。

當年看電影時，只覺得這角色很卡通，執行環保政策有需要殺光市民嗎？但過了十多年之後再看，就開始理解這角色出奇的寫實，因為他正是現實中某些公職人員的寫照。

保護環境有甚麼不對嗎？盡忠職守有甚麼不對嗎？合法執法有甚麼不對嗎？他身上全

都是社會賢達們覺得正確的東西，所有的「正確」形成了故事裡最大的反派。他有一切制度下的「正確」，可是身為公職人員的他，卻沒有半點保護市民的心。

這世上真的有人因為進入了政府，就一朝得志，有了穩定的收入與些許對市民的權力，就覺得自己了不起。可政府的工作就是面對市民，他們的工作壓力與阻礙都源自市民，於是便開始埋怨市民為他們製造麻煩，覺得「官不聊生」，進而痛恨「刁民」，有機會就想施以暴虐甚至除之而後快。

最後再將這些有意施虐的行為，推給制度和法律，說自己只是依法行政聽命行事無從選擇無須扛責，卻沒有想過他可以選擇執法的手段和行為。

在故事裡，有人質環保署長疑拉斯．卡吉爾是否因為權力而瘋了，他就直接回答“You ever tried going mad without power? It's boring. No one listens to you.”（要是你有過不為權力而發瘋的經歷就能明白那實在太無聊了，根本沒人要理你）。**並不是權力令人瘋，而是這些人本身人格便有問題。在沒有權力時他們溫良恭儉讓，一旦手握實權，他們就會拋棄偽裝，化身為濫權狂人。**要不是制度給予他們權力，根本就無人想理這種悶蛋。

據傳電影本來有設定一位大反派，叫作漢克．斯科皮奧，他是何許人也？要是你有看過早期的《辛普森家庭》，就知道他是一位諧仿007電影式，密謀征服世界的恐怖分子。

雖然他是一位恐怖分子，卻同時是一位好的領導者和老闆，他只對政府人員與敵人殘忍，對待平民百姓與自己的下屬卻非常的隨和有禮，因而成為了受觀眾歡迎的角色。

結果編劇苦思良久，發覺這個恐怖分子其實不適合作為這部電影的反派，而且「恐怖分子也可以是好人」這種設定多少會觸及社會禁忌。因此，他需要一個全新，純粹的反派。最後的答案反而是一位與前者完全相反的角色「公務員」。

一個環保署的高階公務員；不是想征服世界，而是想保護環境；不經營地下組織，而統領自己的合法部門；不因為別人追隨他而擁有權力，權力是由官位與資歷得政府授權而來；不是自己當家作主的主人，而是顆政府工廠的小螺絲釘。這電影很成功的告訴我們，這種「堂堂正正的社會賢達」是如何地危害社會。

這種一生不偷不搶卻在制度內濫權的小人物，遠比恐怖分子要來得邪惡多了。

Battle 65

絕非虛構，而是最有可能在現實中上演的末日光景

#地球主宰者 #靈長類 #疫情擴散 #人類滅絕

——猩球崛起

講述世界末日的作品，多數都是反映時代的恐懼，而你會發覺末日的原因多數是戰爭，特別是核戰。當年冷戰結束後，全球核戰的恐懼開始消退，環保意識抬頭，所以關於環境崩塌而形成的末日電影相應增加，不然就是喪屍末日。慢慢的，末日電影變得不那麼恐怖了，因為我們都意識到這些末日真正出現的可能性不大，能夠很抽離的當成娛樂。

但芸芸末日電影中，有一種最有可能成真，就是名字不像是末日電影的《猩球崛起》（Rise of the Planet of the Apes，港譯為：猿人爭霸戰）。因為《猩球崛起》中，導致人類社會崩塌的不是核戰，也不是喪屍，而是一場失去控制的疫情。這是神來之筆，因為最初的原著《浩劫餘生》（Planet of the Apes）中，人類文明是滅亡於核戰，新世代的續作卻選擇了一個更有說服力的衰亡方式。

故事講述人類希望研發治療老人癡呆症的藥物，因而研究病毒，可是最終失控成一種致命的病毒，並有著提升靈長類智能的意外作用。第一集的故事，就是講它怎樣在一場意外中從研究室外洩。在電影的結尾，就以一個病毒帶原者乘坐飛機時，查覺到自己的症狀而結束。

這個病毒的傳播導致了甚麼結果？它形成了一場全球疫症，叫作「猿流感」（Simian Flu）。它的傳播途徑就是各國的交通，特別是飛機，它沒有帶來戲劇性的瞬間死亡，可是人類幾經嘗試，都沒能找出治療方法以及疫苗。病毒不斷的傳染開去，死亡數字慢慢的爬升。

結果世界的貨運、交通都出現問題，醫療資源枯竭，經濟也引起大問題，最終支撐不起各國的財政，開始令政府無法運作而萎縮甚至崩塌。有某些基因的人類能免疫，其他人則染病失救死亡。

在第二部曲中，展現出來的是十年後社會無法維持的景象，雖然城市沒有被破壞，但維持城市運作的能量已經消失，能源已無法穩定供應，物資短缺，道路和建築物失修毀壞，荒廢中慢慢被大自然吞食。人類還是有科技有文明，但是衰弱的態勢已不可止。

一種病毒足以破壞人類文明？我想今天的大家即使不至於相信世界會末日，但也沒甚麼人會再低估疫病對社會的影響與破壞力吧。

仔細看這電影的話，如果帶原者一開始有被好好封關隔離或者自我隔離，而不是隨他離開走進社區並引爆社區感染，之後的災難應該就不會發生。當時看到這劇情還以為是編劇為了搞劇情硬掰的，後來我才知道，現實真的會這樣做。

Battle 66

與其捨生成仁，更重要的是活著解決問題

——明日邊界

#時間輪迴 #無處可逃 #記錄點 #戰鬥的意義

你我所接受的傳統教育常是歌頌犧牲的，它被稱之為風骨、氣節。翻翻課本，總是會提及史可法、屈原與張自忠等人，為理想不屈殉死的悲壯。他們流芳百世，多少滲透進了我們的思想，影響了我們的價值觀與處世方式。史可法的悲壯，是一種戰敗的悲壯，他們想救的東西其實仍然救不了，但這不影響大眾的評價，我們會認為他是盡力了，不惜犧牲就對得起他人、對得起自己，死而無憾。

我們好像也是這樣看待自己和自己的時代，面對兵敗如山倒的形勢，我們常說「鞠躬盡瘁」，結果損兵折將犧牲時，我們也感到問心無憾，就像是即便失敗，只要犧牲，一切就會變得正確，一切的責任已經盡完。

但不追求打贏一場勝仗，而追求輸得悲壯光彩，這是正確的嗎？這點倒是值得討論。但在《明日邊界》（Edge of Tomorrow）這部電影中，卻把這個可能性排除了。在這故事裡

的主角，本來是個抗拒戰鬥的人，卻被迫作為士兵介入了一場對抗異形的戰爭，在壓倒性的劣勢下陣亡。他理應死掉的瞬間，卻突然時光倒流回不久之前，再次重演那天的事件，重新投入戰場，然後又因為壓倒性的劣勢而陣亡，之後再回到過去，無限循環。

不斷往前線痛苦地死去，面對敵人壓倒性的戰鬥力的無力感，根本就是無間地獄，永無止境的惡夢，要這樣不斷循環，主角寧可犧牲死掉，可是他連這選項也沒有。

被迫面對如此強敵，主角的反應，其實和當前的香港人沒甚麼分別，不外乎移民、屈服、忍受、自殺。不過因為不能死，所以自殺也沒用。想像移民一樣逃到英國？結果逃到安全的地方也只是一時，異形大軍還是會殺到來。說服政府與軍隊的上層？可是上層卻不相信他，他也不能像屈原一樣投江自盡明志，因為他還是會復活。

最終他發覺退縮其實也毫無意義，那就只剩下一個選擇，便是戰鬥，並盡力生存下去。他開始認真的戰鬥，慢慢變強，當然，一定會有人質疑「你一個人練強有甚麼意義？你打得過異形大軍嗎？」，同樣地，就算能不斷復活，記住異形的攻擊方式，主角也無法以寡敵眾擊敗外星人。

戰鬥並不僅是硬拼，當他理解到打敗異形大軍才是唯一出路，就會理解戰鬥不是答案，卻是必要的手段。每次死亡雖然都是回到起點，卻並不是白死的，因為每次死亡都是教育，強迫主角不斷改變自己的方法，直至解決問題為止。

整個電影的過程，正是一個人類面對大敵的策略演化過程，從放棄、逃避、拖延，轉變為對抗、硬拼。最終主角才找到了真正的答案，分析對方的結構，找出對方的弱點，再狠狠毫無保留地深入刺進去。

戰鬥的真意，並不是犧牲，也不是硬拼，而是不擇手段地找出敵人的弱點，滲透進去，不被發現地靠近那個弱點，然後再在弱點上使力，完成戰鬥唯一的意義：就是摧毀敵人。

犧牲的真義，是取得經驗，如果犧牲完也只是重複同樣的行為，犧牲就是白費。抗爭的真義，在於形同流水，開放手段，不斷改變形態，直至找出對方的弱點予以突破，重複過去的方法，就只會重複相同的結果。

窮則變，變則通，先賢如此是，電影如是演，現實也是如此。

Battle 67

他人的成功歸運氣，替自己失敗找藉口，難怪你贏不了

\# 穿越劇　# 納粹　# 身價暴跌　# 白手起家

——吸特樂回來了

《吸特樂回來了》（Er ist wieder da）（港譯為：希特拉返黎啦）大部份人在評論這部講述希特勒沒死，並穿越到二十一世紀德國的電影時，都會扯上政治。一旦觸及政治，大家多數會各取所需，站在自己原本的政治立場，從電影中抽取自己看到的部份和角度。放大來攻擊另一方，**畢竟自省本就是困難而痛苦，攻擊別人卻比較容易也快樂**。當然，作者寫一本書拍這一部電影，本就有政治意圖，最少也會意識到政治就是這作品的行銷賣點。

也因為如此，何不踢開所有政治的意圖去看這部電影呢？拋下你原本的立場，純粹地看這部電影除了政治之外還說了些甚麼。其實這個電影很像以前香港無線電視台的一套劇集，叫作《九五至尊》，講的是清朝皇帝雍正活在現代香港的故事。從這個角度來看，這樣的故事也可以變得很不政治了吧。

希特勒和雍正一樣，過去曾是一國之首，但卻活在了久遠未來後的社會。他們失去了一切，失去了權位；變成一個無家可歸的流浪漢；失去了財富，身無分文；失去了所有的團隊和同伴，他們早已離開人世；失去了他對於時代的認識，他對於這個時代和社會，幾乎一無所知；當然，他沒有一份現代認可的履歷，也沒有一張現代學校的學歷證明。

最重要的是，失去了自己的身份。希特勒曾經是個元首、國民的英雄，或者人人懼怕的魔王。但是在電影裡，他再怎樣堅稱自己是希特勒，別人只會覺得他有精神病或者是在演戲，只認為他是個搞笑的網絡紅人。過去的威名惡名，一筆勾銷，對公眾而言，他其實就是個小丑。

就連理論上應該是最欽佩希特勒的新納粹，也極度討厭他，認為他只是借極右思潮圖利的偽納粹藝人，這一段是我覺得片中最細緻的一段。**政治狂熱者，最喜歡攻擊的對象是立場相近，而不是相異的人。**

他失去了所有的權力，一切的身外之物。想一想，在現實社會，我們不斷強調的人生勝利組是甚麼？有父母留給你的人脈他們給你的物業、幫你出買房頭期款、攻讀好的大學學位，曾經出國留學，很多錢。以及一些虛名、虛銜，在名片上釘得滿滿的職稱。還有你這麼多年認識過的，功成名就的同學，朋友。

在電影裡的希特勒，徹徹底底地一無所有，「**雙失中年**」。他擁有的身外物，只有自己的外表，和一套被視為戲服的軍服。

但你發覺到了嗎？這部片的劇情，靠的都不是希特勒外在的形象推動，而是他的內在，像是智慧、經驗、理念、技巧。特別是對群眾心理的理解和演說技巧。他好學的精神，透過看電視，閱讀現代的書和上網，去理解現代社會。以及最重要的，他的積極性和行動力，即使事業受挫，並沒有令他退休。他反而以寫作的方式，重興自己的事業，再上一層樓。

希特勒並非得是有權有勢的德國總理，才能建立起他的帝國，他是否叫希特勒真的重要嗎？他豐富的才能和行動力，使他在任何環境都能夠嶄露頭角，撒豆成兵，重新建立他的帝國。在我們的社會中，經常會覺得自己背景不夠好，輸在起跑線，或者已經太遲，可是對這電影的主角而言，並沒有這種事。

他不介意被當成小丑，不介意做很低下的工作……哪怕是在報攤裡堆報紙，或者是在街邊賣藝，幫人畫肖像謀生。他處於陌生的文化中，卻還是不斷的適應並利用這文化。不論強勢還是弱勢，他還是做著自己能做的事情，朝目標前進。他對德國社會再不滿，卻也不會無藥可救，無論這偏離他的理想多遠，他都是很執著的做最低下的事情，從基礎去慢慢改變這社會。到了最後，他還是無權無勢，就是一個網紅和藝人，可能對現代人而言，就像 youtuber 之於我們相近……但是，他依舊充滿自信，他終將會完成他的事業。

如果你看看這個希特勒，再看看我們自己，想想我們曾經失望過和想要放棄的心時，這是不是比政治上的爭議，更有意思呢？用這角度去看這樣的電影，說是勵志，不是理所當然的事情嗎？

1 香港慣用「雙失青年」指身處失業、失學兩種狀態下的青年。「青年」亦可代換為其他年齡階層，文中則是指失去身分地位、權勢的中年人。

Battle 68

立心栽花花不香，無心插柳柳成蔭
——小丑

#喜劇演員　#魯蛇　#社會動亂　#超級反派

看過《小丑》（Joker）這部電影觀眾們，特別是曾參與或認同過抗爭運動的觀眾們，很容易就會把自己代入片中小丑的角度。因為同樣是被壓迫者，也同樣開始反抗這個社會。可是，小丑和觀眾們是有著本質上的差異。因為抗爭者都想改革社會，但小丑絕對不是甚麼革命家或抗爭者。

本名亞瑟（港譯為：阿瑟）的「小丑」，是個既不會打架、頭腦不大靈光、沒有甚麼學識、性格普通、欠缺魅力、事業失敗、胸無大志也稱不上善良、跟母親同住，還有著身心疾病的中年男子。他從來就沒想過要讓社會變好，他並沒質疑這個社會的制度，也沒有想要推翻它，反而想得到社會認同，因為他所關心的只是怎樣才能讓自己上電視。

這位「小丑」，實際上是對於政治社會議題漠不關心、冷漠，會表達「我討厭政治」、「不要造成我困擾」的大多數百姓。那種雖然天天被壓迫，卻也沒想過要反抗，只顧每天上班討生活的市井小民。他只是偶然以「小丑」的形象，殺了幾個不知名的小人物，又或剛好是某知名主持人、某大企業的青年才俊。他這毫無政治動機的行為，卻被其他基層群眾們解讀成一種對社會的反抗。

「小丑」就這樣不知不覺的成為了反抗社會的符碼（icon），可是亞瑟本人對於這件事，是毫無興趣的，他在新聞中看到了群眾們都化身成小丑展開抗爭，自己被捧上神壇時，可曾想過領導眾人嗎？沒有。他可曾認為自己成就出什麼大事了嗎？沒有。他有聯想到自己也是被壓迫者，把這些戴著小丑面具的人當成同伴，一起出來抗爭嗎？也沒有。

他把這些抗爭活動當成一件與自己完全無關的事情，可見他真的徹底沒想過要改革社會。這樣的人，不僅不會是改革者，而是改革者的對立面。我猜「小丑」一輩子都沒想過要投票，也沒關心過這種事。

而真正想推動社會改革的，是那位白手起家的社會菁英，成功企業家湯瑪士・韋恩。先不論他那句「指稱犯罪者是自己不努力才對成功人士洩憤」令底層感到反感的發言，他親身去參選市長，說要改革這個社會，要幫助高譚市的基層。雖然外表像是站在政府立場的建制派，可是他的用心程度，更像現實中的改革者。

但諷刺的是，真正觸發了社會變革的，是毫無動機的小丑，而不是有意改革社會的湯瑪士。小丑只是不斷做自己想做的事情，卻連鎖引爆了高譚市史上最大的抗爭，最終的結果就是受他影響、戴著小丑面具的某人，在街上殺死了湯瑪士。

作為一個市長候選人，湯瑪士被殺，可以想像會引起極大的波瀾，社會真的被改變了。可是並不在任何人的意志或計劃內，高譚市終於變得不一樣了，只是不見得是變好。一個罪犯、一個隨機的犯罪行為，引發了驚天動地的政治改變，使整個社會以致世界歷史都改變了流向……

立心栽花花不開，無心插柳柳成蔭。是的，任何人都可以改變社會，可諷刺的是，最能改變社會的行為，有時卻是出自最欠缺改變社會動機的人。

Battle 69

放棄自我思考，盲信他人，下場就是等著被犧牲

#腦殘無藥醫 #專業滿分 #常識零分 #滾動式調整

——星際救援

《星際救援》（Ad Astra）這部片其實真正的主題是「人蠢無藥醫」。這是一套我看過蠢人佔角色比例極高的電影之一。以下開始有故事的情節，不喜勿看，但我覺得看了也沒差，不會破壞太多你看電影的感受。

這個故事中死了很多人，他們的死因雖然很多是不幸，但更多是自己造成的，即是笨死的。其中最有標誌性的，就是布萊德彼德要從火星出發去海王星挾持火箭的那部分。你沒看錯，真的跑去挾持火箭，上一次我看這種劇情的時候，是一部很出名的漫畫《任俠沉沒》，但這個電影又比《任俠沉沒》更離譜。

主角挾持火箭，然後說我並不想傷害你們，我們一起去海王星；上面的乘員問上司該怎樣辦，上司說盡力幹掉布萊德彼德，然後那些人聽了命令後，不知道吃了甚麼藥，竟然在火箭升空那麼危險的時候，跑去跟布萊德彼德打架？

那時候布萊德彼德還要穿著全副武裝的太空衣，真正的太空衣比防暴警察的裝備還要重，連真空那麼惡劣的環境都可以防禦，然後那些裸裝的人，當聽到制度命令時，就真的去打一個有太空衣的人？赤手空拳或者拿小刀跟他打，還要在太空船裡開槍，結果有人被離心力摔死，有人窒息，只有布萊德彼德沒死，不是因為他武藝高強或主角威能，而是因為他穿著太空衣防護充足，還可以防窒息。

到底這故事裡面的角色有沒有腦的？只要上司下個令，他們就會執行，完全不隨機應變，也不會權衡後果，不用打都知道交通工具加速時極危險吧？不用打也知道太空衣會很厚實吧？不用打也知道開槍有很大機會整死自己吧？

但他們根本就不管，不知道是不是公務員幹久了腦袋有點短路，接到上司命令就機械式的執行，不分青紅皂白、不隨機應變，制度叫他們做就做，然後就跟主角要同歸於盡了。本來布萊德彼德只想和平解決，但你要主動用暴力，好像上司的命令是聖旨，**以為自己只要聽命行事就毫無責任，結局就是整死自己。當下自己決定的事情就得自己承擔。**

大家都知道，現實中的太空人往往是某領域的專家，至少也是個科學家或工程師，而且有高學歷。而這個故事也一樣，每個人都有高學歷，動不動就是博士。雖然不知道他們是不是在巴基斯坦讀回來的，可是在這麼高的學歷下，只顯現出他們的愚蠢、死腦筋、平庸、不成熟加突兀，如果他們是因為很會考試才贏得學歷上太空的話，這些人一定是高分低能。

整個故事最後活著的，就是那個一意孤行，完全無視制度與命令，甚麼法都犯了，做自己覺得對的事的主角，這套電影大概是想教訓大家，守法聽令死路一條吧？

Battle 70

#解決問題　#解決提出問題的人　#命定悖論　#掙脫命運

將相本無種，亂世出英雄，任何人都可以改變世界

——魔鬼終結者：黑暗宿命

《魔鬼終結者：黑暗宿命》（Terminator：Dark Fate，港譯為：未來戰士：黑暗命運）對於「魔鬼終結者」的粉絲來說，是部相當值得一看的電影，不見得是因為它很好看，或者會合乎你的期望。而是這個電影是眾多續集當中，最特別的一集，他重新探討了這故事裡很多的理念。

在黑暗宿命這集中，天網終於成功把未來的反抗軍領袖約翰・康納殺掉。只是不知為何，相當於是九七大限的「審判日」也無故消失了，馬照跑、舞照跳，人類多活過了一點好時光，可是該來的還是會來，還是走向了同樣的結局。軍事人工智能廿幾年後還是被開發了出來，「審判日」依舊再臨。雖然時代不同，換成另一位年輕人起來反抗，而未來統治者一樣派殺手前來刺殺這名領袖。

但那位在廿多年前成功刺殺前反抗軍領袖的 T-800 機械人，它竟然也回來了。它完成

了殺死約翰・康納的任務之後，就失去了目標，就這樣漫無目的在人類社會中流浪，學習人類社會的一切，慢慢竟然成為了一個有感情與良知的機械人，學會後悔自己做過的事。新的終結者來襲後，他反過來站在保護另一位反抗軍領袖一方，為自己贖罪。

對於《魔鬼終結者》的觀眾來說，看到這段應該很難不詫異這個改變。殺手機械人改邪歸正站在主角一方，並不是甚麼新鮮事，只是在《魔鬼終結者》系列裡，機械人是沒有自我的。它會站在哪一邊只因為程式指使，過去選擇加入人類一方也只是被改寫了程式，全是「被改邪歸正」。

但這次，它卻是在自己意志下改邪歸正……在《魔鬼終結者》系列的世界觀裡，機器有了自我思考之下，就會得出毀滅人類的結論，但 T-800 在有了自我思考下，得出的結論卻是保護人類。

而且，再想深一層，它為何能夠殺死約翰呢？恐怕是未來時空已被改變，於是天網終將不復存在。自然地，對天網的抗爭也不需要存在。沒有了抗爭者，則再沒有需要派人回到去保護未來領袖，所以「天網」才成功殺死了約翰，只因為他也成功的殺死了自己。

細心推敲的話，會發現約翰的定位也被改變了。在系列前作，他是故事重要的救世主，天網幻想著殺死他就可以消滅抗爭，人類則必須保護他不能被殺。可是真相竟然是，面對大難，有勇氣站起來的年輕人就會成為救世主。**英雄將相本無種，亂世出英雄，孕育出救世主的並不是聖母，而是時勢，是天網自己。**也就是說，天網送殺手回去殺掉將來會威脅自己的年輕人，這樣的計劃，一開始就建立在錯誤的前題上。

因為有了天網，所以才會有反抗軍。要解決反抗軍的問題，就要解決反抗軍的源頭，而反抗軍之所以出現是因為天網自己。消除抗爭的終極方法，就是自己的統治從不存在，這是個諷刺而合理的結局。

然後你會發覺，故事進展到這裡，**最終改變命運的，並非穿越時空的能力。穿越時空反而無法改變命運，改變命運的是你當下的勇氣。**整個系列想傳遞的訊息，在此有了很巨大的改變。是不是很值得一看嗎？

BONUS STAGE

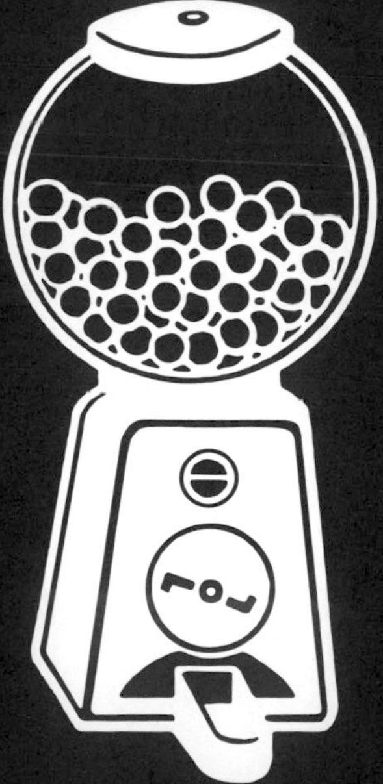

BONUS STAGE 1

#革命先烈 #推翻滿清 #恐怖行動 #勝者寫歷史

What if……中華民國是個恐怖份子創立的國家？

——孫文的野望

我約莫在十年前，因個人興趣的緣故，選讀了香港中文大學的歷史系碩士課程，課程中，有一個部份是做小組討論的。規則是這樣的，教授會訂一個議題，然後叫我們選擇支持或者反對，之後再跟對立方討論或者辯論。

我選擇立場的方式很簡單，我會猜，哪一個立場比較多人支持，我就選擇少人的那邊，也就是「包拗頸」[1]，因為我覺得站在人少的一方比較有趣。直至有一次，在一項議題上全部人都選了反對，只有我一個支持，別人問我為何支持，我就答就因為我喜歡跟主流對著幹，然後有一個同學就笑說，你想當革命家嗎？

我們這些香港人一談起革命家，浮現起的臉就是孫中山吧？那個穿著中山裝長得頗帥的鬍子紳士。在課本裡，總寫他是個理想主義者，一臉正氣的說著理想主義的話語，像個文青書生一樣，以他的語言感動了人民推動了帝政。我肯定自己一點也不像這種人。

然後我又想，還是革命家其實也並非那樣的人？雖然我不想當革命家，可是這契機令我想研究甚麼是革命家。我當時看了不少書，後來我聽了科大衛（David Faure）老師的課，好像是講珠三角歷史，提到孫中山的時候，他就說，孫文這個人做了甚麼？大家有沒有想過，孫文若以現代的定義來看，其實就是恐怖份子？

一談起恐怖份子，就想起甚麼放炸彈、槍擊、暗殺、洗黑錢、破壞建築物、襲擊政府設施……孫中山好像真的全部都做過了。真的是一言驚醒洛克人，孫中山的確就是恐怖份子嘛？只是那時候我們還沒有「恐怖份子」這個稱號，所以當年大清只會喊他是反賊不會喊他是恐怖份子。

當你開始這樣思考，事情就變有趣了。簡單來說，中華民國的國父是個恐怖份子、中華民國是個恐怖份子創立的國家、恐怖活動創造了亞洲的現代史。以上幾句真的很大逆不道吧？自從美國九一一事件之後大家聽到恐怖份子一定是退避三舍，不想扯上任何關係，可是，新臺幣的一百元鈔票上印了個恐怖份子的臉。

恐怖份子一定是壞人吧？但孫文是中華民國的國父，中華人民共和國的革命先行者，說是壞人大家都會很尷尬。可是這樣我的疑惑就解開了，**因為我真的不信一個人單憑甚麼理想主義的嘴炮，就可以推翻一個政權，但如果他是個不擇手段的狂人，那事情不就變得**

合理多嗎？

所以我就得出了一個結論，這世界應該有一個作品，重新講孫中山的故事。不再是甚麼理想家，也不是單純惡搞的鐵拳無敵或者長腿叔叔。而是一個比任何課本都真實的孫文，一個不擇手段的恐怖份子、危險人物、壞蛋，你可以把一切的道德上的負面形容都冠在他身上，可是最後先倒下的卻是他的敵人大清。

事實上，正如梁啟超在孫文死後評論他時，也說這個人不擇手段。坊間也流傳他是孫大砲，打嘴炮，很多都跟他交手過的人，對他的風評也不太好。但是梁啟超又說，他雖然討厭孫文，可是也不得不承認他是真心想要革命，對革命非常忠實，募到的錢也真的用在革命上，而非借革命中飽私囊。可見，雖然說孫文是個恐怖份子，看似驚世駭俗，實質上卻可能是最真實的。很有趣吧？

在這裡我必須補充一點，雖說將他設定成是壞人，也不是要貶低孫文，壞人也可以是另一種形式的讚美。正如學妹說你是一個好人，並不代表她喜歡你，對嗎？

所以我覺得，這世界上應該有部作品讓孫文當魔王才配得起這個現代傳奇，而這過去一百年，好像都沒甚麼人做過，也該有人做了。有一天，漫畫家活人拳跟我討論新的漫畫作品題材時，我就把這個說法說了出來，我一直想的東西也說了出來，而剛好活人拳之前在做《中山立志傳》遊戲中做了很多資料搜集時，對於孫文有了頗深切的認識，覺得也該做出這樣有意思的作品，就這樣，就弄出了《孫文的野望》這個作品：一個設定孫中山是壞人，或者至少不是好人的故事就這樣誕生了。

1 保留作者原文，意指：唱反調，與對方爭辯。

BONUS STAGE 2

我們正在身處時代更迭汰換的交界口

#世代交替　#復古　#舊娛樂轟炸　#分歧路線

如果你是年紀比我年輕的香港人，第一次感受到世界動盪，可能就是從二〇一九年開始。在此之前的人生，很可能認為世界一直都會如此運作下去，不相信有天突然就天翻地覆，瞬間走進下一個時代。但因為我經歷過一次了，所以也預計這件事會再發生一次，而它也真的發生了。

上一次驟變的時候，我不過是個十歲的小孩，當時感受到的，就是整個社會的氣氛都不同了。那時候我印象最深的，就是《精裝追女仔》第三集，我很喜歡看頭兩集，可是到了第三集時，卻突然覺得不好笑不有趣了。甚至再回去看前兩集時，味道也覺得不同了，特別是第三集最後一段提到移民之後的事情，甚至會感到有點不舒服。

八十年代受歡迎的電影系列，就不約而同的終結，《精裝追女仔》也好，《富貴逼人》也好，《最佳拍檔》、《開心鬼》也都差不多時候沒落。而且，在八十年代末的最後一集，通常都不好看，我是指，就連當年一位十歲小孩也感覺到的那種不好看。這不是巧合，後來去到了成年之後，我才慢慢找到答案，也就是時代的轉折，令所有人的精神面貌都不同了。

當年是港產片衰落的開端，之後是周星馳的年代，我第一次去電影院看周星馳是我媽帶我去看《一本漫畫闖天涯》，然後是《賭聖》。我在想想，當年為甚麼想要去看《賭聖》呢？現在的人可能沒印象了，但是我還很記得，當年在香港電視廣告上宣傳《賭聖》時，口號是「周星馳做賭神旁邊那個……賭聖！」。

我當年去看《賭聖》的原因，就是想看一部搞笑版的賭神。我想當年很多人都抱著相同心態進戲院的吧？最後你沒看到搞笑版的賭神，卻看到周星馳式的喜劇，自此之後大家都迷上了，在時代轉折後的迷茫中，這正是能夠慰藉香港人的東西，之後十年都是周星馳的天下。

香港的精神面貌截然不同了，每人的位置都不同了。周星馳在八十年代是兒童節目的主持人，下一個時代就是影視巨星星爺；在《精裝追女仔》裡被諷刺的衛道保守政客「司徒銘」，現實中被諷刺的兩個對象卻變成了民主運動的領導者；夜晚的合家歡節目《歡樂今宵》不再受歡迎，連兒童節目都換成了《閃電傳真機》。

一瞬間甚麼都變了，連身為兒童的我也能感受到，這就是時代的轉折，所以到了此時此刻，再面對一個新的時代時，我想，大概過去不再重視的會被重視，而一直成功的可能就會消失。成書之後的世界，大概也會這樣吧？

有些人覺得香港就要沒落了，但是我卻覺得，香港早在九十年代末，就正在沒落，就算是所謂最富裕的城市，可是電影卻越來越少，好看的電影也越來越少，連周星馳也不拍戲了。就算表面上紙醉金迷，香港電影的衰頹，其實也是反映這三十年的真相。

從金融地產泡沫賺來的數字，只是掩飾。產業反映了香港人在精神上的墮落，當大家不斷說香港人就是很有錢很有錢時，卻連拍出好看的電影都出現困難。這是我在時代的終點去回顧，才能夠導出這樣的結論。

所以，我很想重新推薦八十年代的電影，那並不僅僅是因為那些是好作品，或者我喜歡它們，而是我想讓下一代知道，香港人曾經有過這樣的時代氛圍，以及那樣的精神。我知道這是很難解釋的，但是我想能夠從電影這破口，讓大家想像到過去曾經是怎樣。讓之後的人都知道，香港曾經是那麼有朝氣的地方，也曾有過那麼有朝氣的時代，如果可以的話，未來我們可能還有機會創造出一個這樣的新時代吧？

雖然當前的世界是個多事之秋，但至少上一個時代是結束了，下一個時代是怎樣的？

我想此刻的我們正在創造它，可能也要三十年後，才能夠為今天發生的事情下定論吧。

舊娛樂轟炸

老港片、ACG、好萊塢，留給動盪世代的超時空人生讀本

作者｜Cheng Lap
責任編輯｜蔡亞霖
封面設計｜萬亞雰
內文編排｜黃雅芬

發行人｜王榮文
出版發行｜遠流出版事業股份有限公司
地址｜台北市中山北路一段 11 號 13 樓
劃撥帳號｜0189456-1
電話｜(02) 2571-0297
傳真｜(02) 2571-0197

著作權顧問｜蕭雄淋律師
2021 年 7 月 1 日 初版一刷
定價｜新台幣 320 元
缺頁或破損的書，請寄回更換

ISBN｜978-957-32-9014-8
遠流博識網 http://www.ylib.com **E-mail**｜ylib@ylib.com

舊娛樂轟炸 : 老港片、ACG、好萊塢 , 留給動盪世代的超時空人生讀本 /Cheng Lap 作 .
-- 初版 . -- 臺北市 : 遠流出版事業股份有限公司 , 2021.07
面 ; 公分
ISBN 978-957-32-9014-8(平裝)
1. 人生哲學 2. 娛樂業 191.9 110003516